『通古察今』系列丛书

儒家史学理论

周文玖 著

河南人民出版社

图书在版编目(CIP)数据

儒家史学理论 / 周文玖著. — 郑州 : 河南人民出版社, 2022. 1 (2024. 1重印)
("通古察今"系列丛书)
ISBN 978-7-215-12674-9

Ⅰ. ①儒… Ⅱ. ①周… Ⅲ. ①儒家-史学思想-研究 Ⅳ. ①B222.05

中国版本图书馆 CIP 数据核字(2021)第 021176 号

河南人民出版社出版发行
(地址:郑州市郑东新区祥盛街 27 号 邮政编码:450016 电话:65788077)
新华书店经销 永清县晔盛亚胶印有限公司印刷
开本 787 毫米×1092 毫米 1/32 印张 6.625
字数 93 千字
2022 年 1 月第 1 版 2024 年 1 月第 2 次印刷

定价: 52.00 元

序 言

在北京师范大学的百余年发展历程中，历史学科始终占有重要地位。经过几代人的不懈努力，今天的北京师范大学历史学院业已成为史学研究的重要基地，是国家首批博士学位一级学科授予权单位，拥有国家重点学科、博士后流动站、教育部人文社会科学重点研究基地等一系列学术平台，综合实力居全国高校历史学科前列。目前被列入国家一流大学一流学科建设行列，正在向世界一流学科迈进。在教学方面，历史学院的课程改革、教材编纂、教书育人，都取得了显著的成绩，曾荣获国家教学改革成果一等奖。在科学研究方面，同样取得了令人瞩目的成就，在出版了由白寿彝教授任总主编、被学术界誉为“20世纪中国史学的压轴之作”的多卷本《中国通史》后，一批底蕴深厚、质量高超的学术论著相继问世，如八卷本《中国文化发展史》、二十卷本“中国古代社会和政治研究丛书”、三卷本《清代理学史》、五卷本《历史文化认同与中国统一多民族国家》、二十三卷本《陈垣全集》，以及《历史视野下的中华民族精神》《中西古代历史、史学与理论比较研究》《上博简〈诗论〉研究》等，这些著作皆声誉卓著，在学界产生较大影响，得到同行普遍好评。

除上述著作外，历史学院的教师们潜心学术，以探索精神攻关，又陆续取得了众多具有原创性的成果，在历史学各分支学科的研究上连创佳绩，始终处在学科前沿。为了集中展示历史学院的这些探索性成果，我们组织编写了这套“通古察今”系列丛书。丛书所收著作多以问题为导向，集中解决古今中外历史上值得关注的重要学术问题，篇幅虽小，然问题意识明显，学术视野尤为开阔。希冀它的出版，在促进北京师范大学历史学科更好发展的同时，为学术界乃至全社会贡献一批真正立得住的学术佳作。

当然，作为探索性的系列丛书，不成熟乃至疏漏之处在所难免，还望学界同人不吝赐教。

北京师范大学历史学院

北京师范大学史学理论与史学史研究中心

北京师范大学“通古察今”系列丛书编辑委员会

2019年1月

目　录

前　言

春秋末年，孔子创立了儒家学派。孔子以继承周文化为己任。他说："周监于二代，郁郁乎文哉！吾从周。"[1]"甚矣吾衰也！久矣吾不复梦见周公！"[2]孔子晚年编的《春秋》，是中国现存最早的私人史作。《春秋》三传，是先秦重要的历史著述。孔子的史学活动及有关撰史的言论，是中国史学之滥觞。因此，我们完全有理由说，孔子是中国史学家的祖师爷。

在战国诸子百家纷争的时代，儒家也是显学之一。战国后期，法家为政治家重视，并取得明显的政治效果。尤其是秦国，利用法家学说进行改革，国势迅速

---

[1] 《论语 · 八佾》，杨伯峻译注《论语译注》，中华书局，1980 年版，第 28 页。

[2] 《论语 · 述而》，杨伯峻译注《论语译注》，第 67 页。

强大，卒灭六国，实现中国统一。然而秦国建立大一统政权后，不思变通，依然奉行严刑峻法的统治路线，最终导致民怨沸腾、起义爆发，反秦势力风起云涌。貌似强大的秦皇朝，很快土崩瓦解，二世而亡，成为历史笑柄。汉朝建立后，吸取秦亡教训，先是奉行黄老政治，休养生息，社会经济逐渐恢复。至武帝时期，黄老政治已不适应时代需要，武帝采纳董仲舒的建议，实施“罢黜百家，独尊儒术”的策略。从此以后，历2000多年，儒家一直被历代统治者所尊奉。

也就是说，自儒家学派创立以后，在中国的历史长河中，除了很短的时期之外，儒家都是占据意识形态的主导地位的。史学是意识形态的重要组成部分，儒家史学是中国史学的核心。大凡历史上的重要史学家，诸如司马迁、班固、袁宏、刘知幾、杜佑、欧阳修、司马光、郑樵、朱熹、黄宗羲、顾炎武、王夫之、钱大昕、章学诚……都有儒家的自我认同意识。顾炎武的话“引古筹今，亦吾儒经世之用”[1]，“不忘百姓，

---

[1] 《亭林文集》卷4《与人书八》，顾炎武著，华忱之点校《顾亭林诗文集》，中华书局，1983年版，第93页。

敢自托于鲁儒”[1]，“百姓之病，亦儒者所难忘”[2]，典型地反映了史学家们的儒家思想情怀。儒家在发展过程中与其他思想派别既有互相排斥的时候，也有互相影响和吸收的时候。由于统治者尊儒以及儒家学说在皇朝的意识形态系统中占据主导地位，其他学派一般情况下也尊重儒家学说。而儒学在孔子时代就倡导“君子和而不同”，这也决定了其学说本身是一个开放的体系。

儒家史学理论包含孔子以来的儒家治史之主张，是儒家思想在史学领域的反映。儒家史学的核心理念，早已成为中国传统文化的重要内容，融入中国人的文化血液中。

了解儒家史学理论，是认识中国文化的必要途径。

[1] 《亭林文集》卷6《答徐甥公肃书》，顾炎武著，华忱之点校《顾亭林诗文集》，第139页。

[2] 《蒋山傭残稿》卷1《与友人书》，顾炎武著，华忱之点校《顾亭林诗文集》，第190页。

第一章　经史关系论

第一节　孔子与六经

六经，即《诗》《书》《乐》《易》《礼》《春秋》。六经与孔子均有密切的关系。孔子整理了六经，并以六经作为他讲学的基本内容。孔子说："入其国，其教可知也。其为人也，温柔敦厚，《诗》教也；疏通知远，《书》教也；广博易良，《乐》教也；絜静精微，《易》教也；恭俭庄敬，《礼》教也；属辞比事，《春秋》教也。"[1]这说明，孔子对每一部经书的特点和作用都有他的认识，都有他的教育目的。

[1]《礼记·经解》，《十三经注疏》（下），上海古籍出版社，1997年版，第1609页。

《诗经》是我国第一部诗歌总集，所收诗歌的时代上自西周初年，下至春秋中期，现存三百零五篇。司马迁认为,这些篇目是由孔子编定的。他说:“古者《诗》三千余篇，及至孔子，去其重，取可施于礼义，上采契后稷，中述殷周之盛，至幽厉之缺，始于衽席，故曰‘《关雎》之乱以为《风》始,《鹿鸣》为《小雅》始,《文王》为《大雅》始,《清庙》为《颂》始’。三百五篇孔子皆弦歌之，以求合《韶》《武》《雅》《颂》之音。礼乐自此可得而述,以备王道,成六艺。”[1] 在《论语》中，孔子多次说明诗的作用，如子曰:“《诗》三百,一言以蔽之，曰:‘思无邪’。”[2] 子曰:“兴于诗，立于礼，成于乐。”[3] 孔子对他的儿子伯鱼说:“不学诗,无以言。”[4] 子曰:“小子何莫学夫诗？诗，可以兴，可以观，可以群，可以怨。迩之事父，远之事君；多识于鸟兽草木之名。”[5] 这些论述，意在说明学习《诗》的重要性。

---

[1] 司马迁:《史记》卷47《孔子世家》，中华书局，1982年版，第1936—1937页。

[2] 《论语·为政》，杨伯峻译注《论语译注》，第11页。

[3] 《论语·泰伯》，杨伯峻译注《论语译注》，第81页。

[4] 《论语·季氏》，杨伯峻译注《论语译注》，第178页。

[5] 《论语·阳货》，杨伯峻译注《论语译注》，第185页。

《书》就是《尚书》，是唐、虞至春秋前期，主要是殷周时期的历史档案和文件的汇编。在汇编的过程中，孔子做出了贡献。司马迁说："孔子之时，周室微而礼乐废，《诗》《书》缺。追迹三代之礼，序《书传》，上纪唐虞之际，下至秦缪，编次其事……故《书传》《礼记》自孔氏。"[1] 这是说，孔子不仅编订了《尚书》，还为每篇写了序。《尚书》的流传比较坎坷，历史上有今古文之争，有被清人证实的伪古文《尚书》。但不论如何，孔子整理了《尚书》，则是不争的事实。

《乐经》已亡，今日已无从考论孔子与它的关系。不过，从《论语》中，我们可以看出孔子非常喜欢音乐，有时甚至到了痴迷的程度，"子在齐闻《韶》，三月不知肉味"。[2] 他从事过音乐整理的工作。子曰："吾自卫返鲁，然后乐正，《雅》《颂》各得其所。"[3] 他经常强调音乐对于陶冶人的情操的意义，对音乐的教化作用有深刻的认识。

《易》指《周易》，由经、传组成。《周易》经文的

---

[1] 司马迁：《史记》卷 47《孔子世家》，第 1935—1936 页。

[2] 《论语 · 述而》，杨伯峻译注《论语译注》，第 70 页。

[3] 《论语 · 子罕》，杨伯峻译注《论语译注》，第 92 页。

作者，相传是周文王，这种说法虽没有确凿的证据，但一般认为写于西周初年的观点，应是可信的。传有七种，这就是《彖》《象》《文言》《系辞》《说卦》《序卦》《杂卦》，因为《彖》《象》《系辞》各有上下篇，七种共有十篇，故《周易》的传又称为“十翼”。“十翼”的作者，传统的看法是孔子。司马迁说：“孔子晚而喜《易》，序《彖》《系》《象》《说卦》《文言》。读《易》，韦编三绝。”[1] 宋人对孔子作易传，表示怀疑。但近几十年的考古发掘证实，孔子确实与易传有一定的关系。孔子本人曾说过：“加我数年，五十以学《易》，可以无大过矣。”[2] 在《文言》和《系辞》中，有 30 处“子曰”，指颜渊时则称“颜氏之子”，说明“子曰”之“子”当是孔子。马王堆出土的帛书《周易》，有一篇题作《要》，专记孔子与弟子有关《周易》的问答，足见孔子不仅喜《易》，而且研究《易》，给学生讲《易》。学生根据他讲授的内容，整理成文，笔之于书，是很可能的。前人以为“十翼”“皆非孔子作”，若说这个“作”专指

[1] 司马迁：《史记》卷 47《孔子世家》，第 1937 页。

[2] 《论语 · 述而》，杨伯峻译注《论语译注》，第 71 页。按：《史记 · 孔子世家》“加”为“假”。

笔之于文字，尚有一定的道理；若说“十翼”与孔子一点关系也没有，恐怕失之于武断。

《礼》指《士礼》，也就是今之《仪礼》，主要内容是有关冠、昏、饮、射、聘、觐，以及丧葬、祭祀的礼仪。司马迁说：“《礼》固自孔子时而其经不具，及至秦焚书，书散亡益多，于今独有《士礼》，高堂生能言之。”[1]就是说，《士礼》在孔子时，即已不完备，故孔子有礼崩乐坏之叹，有“杞不足徵”之憾，有到各国访求“文献”之举。他曾说“周监于二代，郁郁乎文哉！吾从周”，即赞赏周朝的礼仪制度。他十分重视礼，把礼与他所提倡的“仁”联系在一起，说：“克己复礼为仁。一日克己复礼，天下归仁焉。”[2]由于孔子对礼很熟悉，故时人多向孔子问礼。《礼记·杂记下》：“恤由之丧，哀公使孺悲之孔子，学士丧礼。《士丧礼》于是乎书。”[3]《士丧礼》是今《仪礼》中的一篇，这很能说明孔子与《仪礼》编定的关系。可见，孔子在收集、整理和传播《仪礼》方面做出了重要贡献。

---

[1] 司马迁：《史记》卷121《儒林列传》，第3126页。

[2] 《论语·颜渊》，杨伯峻译注《论语译注》，第123页。

[3] 《礼记·杂记下》，《十三经注疏》（下），第1567页。

《春秋》是孔子因鲁史旧文而修的。那时，各国的史书大都叫“春秋”，如《墨子》中有“周之春秋”“燕之春秋”“宋之春秋”“齐之春秋”等语；也有不称春秋的，如孟子说的“晋之《乘》，楚之《梼杌》”。它们与鲁国的《春秋》一样，都是“其事则齐桓、晋文，其文则史”。孔子作《春秋》，有自己的史法，即“属辞比事”。通过作《春秋》，表达他的爱憎，寄托了他的政治思想。孟子说：“世衰道危，邪说暴行有作，臣弑其君者有之，子弑其父者有之。孔子惧，作《春秋》。《春秋》，天子之事也；是故孔子曰：‘知我者其惟《春秋》乎！罪我者其惟《春秋》乎’！……孔子成《春秋》而乱臣贼子惧。”[1]司马迁对孔子修《春秋》也作了记述，称它“约其文辞而指博”。[2]

由上可知，六经与孔子均有密切的关系，除了《乐经》亡佚、难以考述外，其他五经均经过了孔子的整理，《春秋》还是孔子亲自编订的。“经”作为儒家典籍的称谓，到战国后期才出现。先秦诸子文献上首次提及

[1] 《孟子·滕文公下》，杨伯峻译注《孟子译注》，中华书局，1960年版，第155页。

[2] 司马迁：《史记》卷47《孔子世家》，第1943页。

"经"的是《荀子·劝学》篇，其中说道："学恶乎始？恶乎终？曰：其数则始乎颂经，终乎读礼。"[1]就是说，经是供诵读的典籍，与礼相对应，礼指礼仪，不属于经。秦朝对儒家采取了打击政策，"焚书坑儒"，儒家典籍遭到毁坏。西汉武帝采取董仲舒的建议，"罢黜百家，独尊儒术"，儒家的这些基本典籍就具有了特殊的地位。于是，经就成为封建时代"法定"的以孔子为代表的儒家所编著典籍的统称。汉朝置经学博士，对经书进行注疏。唐朝孔颖达著成《五经正义》，使经书解释归于统一。唐朝统治者在举行科举考试、选拔人才时，把经义作为重要内容。明清两朝科举考试从经书中出题，并把朱熹等人对四书五经的注释作为标准答案。要之，孔子整理的这些儒家经典在悠久的中国历史上，具有神圣的地位。

第二节　"六经皆史"说

孟子论述《诗》与《春秋》的关系，说："王者之

[1] 《荀子·劝学》，王先谦撰，沈啸寰等点校《荀子集解》，中华书局，2016年版，第13页。

迹熄而《诗》亡，《诗》亡然后《春秋》作。”[1] 这里说的“王者之迹息”，是指周王朝衰落，即时代变了，诗的时代过去了，《春秋》于是产生了。可见，孟子是把六经里的《诗》和《春秋》作为史书来看待的。他还指出《春秋》包含事、文、义等基本因素，而没有将其神化。司马迁也是把儒家的经典看成是儒家的经世之作，他对六经的作用都有评论，说：“夫《春秋》，上明三王之道，下辨人事之纪，别嫌疑，明是非，定犹豫，善善恶恶，贤贤贱不肖，存亡国，继绝世，补敝起废，王道之大者也；《易》著天地阴阳四时五行，故长于变；《礼》经纪人伦，故长于行；《书》记先王之事，故长于政；《诗》记山川谿谷禽兽草木牝牡雌雄，故长于风；《乐》乐所以立，故长于和；《春秋》辩是非，故长于治人。是故《礼》以节人，《乐》以发和，《书》以道事，《诗》以达意；《易》以道化，《春秋》以道义。”[2] 司马迁虽然自谦自己写《史记》不能和孔子作《春秋》相比，但实际上他是以继承孔子为己任。在《太史公自序》中，他说：“先人有言：‘自周公卒五百岁而有孔

[1] 《孟子·离娄下》，杨伯峻译注《孟子译注》，第 192 页。

[2] 司马迁：《史记》卷 130《太史公自序》，第 3297 页。

子。孔子卒后至于今五百岁，有能绍明世，正《易传》，继《春秋》，本《诗》《书》《礼》《乐》之际？'意在斯乎！意在斯乎！小子何敢让焉。"这样，他把撰写《史记》与儒家的六经联系在一起。可见，六经在司马迁眼里，也属于"史"的范畴，虽然他没有明确地表示出来。班固的《汉书·艺文志》，由刘歆的《七略》改编而成。其中，史书部分，班固著录在"六艺"里的"春秋"类中，这说明，他把《春秋》作为史书来看待。这就是说，原来史和经是不分的。他对六经的作用有一个总体的评价，说："六艺之文：《乐》以和神，仁之表也；《诗》以正言，义之用也；《礼》以明体，明者著见，故无训也；《书》以广听，知之术也；《春秋》以断事，信之府也。五者，盖五常之道，相须而备，而《易》为之原。"[1]可见，在秦汉时期，儒家的六经虽然具有特殊的地位，但从渊源上、从作用上看，它与史学有紧密的联系，经史之间并没有明显的分野。在文献目录学上较早将经史分途的是晋人荀勖。他著有《晋中经新簿》，采取甲乙丙丁四分法。甲部记六艺及

[1] 班固：《汉书》卷30《艺文志》，中华书局，1962年版，第1723页。

小学等书；乙部有古诸子家、近世子家、兵书、兵家、术数；丙部有史记、旧事、皇览簿、杂事；丁部有诗赋、图赞、汲冢书。即他把经书放在甲部，把史书放在丙部。以后李充又撰《晋元帝四部书目》，将乙部与丙部对调，于是乙部记史，丙部记诸子，奠定了以后四部分类法的格局，但尚未提出经史子集四部分类。直到唐朝编修《隋书·经籍志》时，经史子集四部分类法才得以确立，从文献目录学上，经学与史学才算正式分离。隋朝的王通提出，六经中的《尚书》《诗经》及《春秋》"同出于史"："昔圣人述史三焉：其述《书》也，帝王之制备矣，故索焉而皆获；其述《诗》也，兴衰之由显，故究焉而皆得；其述《春秋》也，邪正之迹明，故考焉而皆当。此三者，同出于史而不可杂也，故圣人分焉。"[1]刘知幾在《史通》中有《六家》篇。六家指"《尚书》家""《春秋》家""《左传》家""《国语》家""《史记》家""《汉书》家"。并说："考兹六家，商榷千载，盖史之流品，亦穷于此矣。"[2]也就是说，刘知幾把儒家

[1] 王通：《中说·王道》，张沛《中说校注》，中华书局，2013年版，第9页。

[2] 刘知幾：《史通·六家》，浦起龙《史通通释》（王煦华整理），上海古籍出版社，2009年版，第22页。以下均用此版本。

经典的《尚书》和《春秋》作为史书看待，从历史编纂学上论述了《尚书》和《春秋》的价值及其对后代史书的影响。在《疑古》《惑经》篇中，他还对这两部书进行了批评，认为尧、舜禅让是虚语，桀、纣之恶是厚诬，所谓太伯让位季历，周文王服事殷商，周公杀管叔、放蔡叔等都不可靠。他还批评了《春秋》为尊者讳、为贤者讳的“义例”，认为这将导致“爱憎由己”“厚诬来世”。刘知幾的史学批评淡化了儒家经典的神圣光环，在中国史学史上有深远的影响。他的这些观点虽然受到正宗儒者的非议，但他这种敢于批评经书的精神，对中国史学的非神学化具有重要的意义。此后，北宋的苏洵提出“经以道、法胜，史以事、词胜”，经史“体不相沿，而用实相资焉”[1] 的观点，将经史并列。元代的郝经、刘因等，将王通所讲的“三经”扩大到“六经”，提出“古无经史之分”以及“治经而不治史，则知理而不知迹；治史而不治经，则知迹而不知理”[2] 的认识。虽然没有提出“六经皆史”的提法，但已含有

[1] 苏洵：《嘉佑集·史论上》，曾枣庄、金成礼笺注《嘉佑集笺注》，上海古籍出版社，1993 年版，第 229 页。

[2] 郝经：《陵川集》卷 19《经史》，清文渊阁四库全书本。

这方面的思想。

明确提出“六经皆史”的是明朝的王阳明。他在回答徐爱的问题时说:“以事言谓之史，以道言谓之经。事即道，道即事，《春秋》亦经，《五经》亦史。《易》是包牺氏之史，《书》是尧舜以下史，《礼》《乐》是三代史，其事同，其道同，安有所谓异？”“五经亦只是史。史以明善恶，示训诫。善可为训者，时存其迹以示法；恶可为戒者，存其戒而削其事以杜奸。”[1]王学有演变成禅学的趋向，束书不观、游谈无根是心学末流的学风。但王学中也有补偏救弊者。如黄宗羲的老师刘蕺山宗奉王学，又重视史学，说:“予一生读书，不无种种疑团，至此终不释然，不觉信手拈出，大抵于儒先注疏，无不一一抵牾者，诚自知获戾斯文，亦姑存此疑团，以俟后之君子”[2]，颇具史学之怀疑精神。黄宗羲究心宋以后之理学，称赞“宋儒穷理之学，可谓密矣！”[3]他认为，经史不可偏废。“问学者‘必先

[1] 王阳明:《传习录》上，邓艾民注《传习录注疏》，上海古籍出版社，2015年版，第22页。

[2] 黄宗羲:《陈乾初先生墓志铭》改本(四稿)，《黄宗羲全集》第10册，浙江古籍出版社，1994年版，第363页。

[3] 黄宗羲:《张母李夫人六十寿序》，《黄宗羲全集》第10册，第666页。

穷经，经术所以经世；必兼读史，史学明而后不为迂儒'"[1]，而慨叹史学之荒废："自科举之学盛，而史学遂废。昔蔡京、蔡卞当国，欲绝灭史学，即《资治通鉴》板亦议毁之，然而不能；今未尝有史学之禁，而读史者顾无其人，由是而叹人才之日下也。"[2]他还对王学末流进行批判："明人讲学，袭语录之糟粕，不以《六经》为根柢，束书而从事于游谈。"[3]也就是说，离开史，经必然要流于空疏，要从读经当中看到历史的内容，从读史中体会经的深意。经和史是不可分的。

明代史学家王世贞强调史学的经世作用，倡导"六经皆史"之说，认为"天地之间，无非史而已"，"《六经》，史之言理也"。"试进操觚之士而质之史，其论三代有不尊称《尚书》乎？有不尊称《春秋》乎？"他说世间的文体，都是"史"的变体。他还对六经提出批评，说"诗不能无疵，虽三百篇亦有之，人不敢摘耳"。

---

[1] 钱林：《黄宗羲传》，《黄宗羲全集》第12册，第82页。

[2] 黄宗羲：《补历代史表序》，《黄宗羲全集》第10册，第76—77页。

[3] 全祖望：《鲒埼亭集》卷11《梨洲先生神道碑文》，《全祖望集汇校集注》（上），上海古籍出版社，2000年版，第219页。

他甚至说“吾读书万卷，而未尝从六经人”。[1] 这话对李贽有直接的影响。李贽是明代后期颇具战斗性格的思想家，他提出经史相为表里的观点，说：“经、史一物也。史而不经，则为秽史矣，何以垂戒鉴乎？经而不史，则为说白话矣，何以彰事实乎？故《春秋》一经，春秋一时之史也。《诗经》《书经》，二帝三王以来之史也。而《易经》则又示人以经之所自出，史之所从来，为道屡迁，变易匪常，不可以一定执也。故谓六经皆史可也。”[2] 李贽的这些话，是对经史关系的新的看法，他把经史平等看待，甚至把经置于史下。他还大胆地破除人们对经的迷信，认为不应当以孔子之是非为是非，对神化六经、把儒家经典作为教条的做法深为不满：“夫《六经》《语》《孟》，非其史官过为褒崇之词，则其臣子极为赞美之语。又不然，则其迂阔门徒，懵懂弟子，记忆师说，有头无尾，得后遗前，随其所见，笔之于书。后学不察，便谓出自圣人之口也，决定目之为经矣，孰知其大半非圣人之言乎！纵出自圣人，

[1] 李贽：《续藏书》卷 26《尚书王公世贞》，《李贽全集注》第 11 册，社会科学文献出版社，2010 年版，第 286 页。

[2] 李贽：《焚书》卷 5《经史相为表里》，《李贽全集注》第 2 册，第 199 页。

要亦有为而发，不过因病发药，随时处方，以救此一等懵懂弟子、迂阔门徒云耳。药医假病，方难定执，是岂可遽以为万世之至论乎？然则《六经》《语》《孟》，乃道学之口实，假人之渊薮也，断断乎其不可以语于童心之言明矣。”[1]

顾炎武对孔子删订的“六经”，给予了很高的地位，但并没有神化。他认为六经也是史。如他说：“《孟子》曰：‘其文则史’。不独《春秋》也，虽六经皆然。今人以为圣人作书，必有惊世绝俗之见，此是以私心待圣人。”[2] 他对《易》《诗》《春秋》等作了十分平易的解释，说：“圣人之所以学《易》者，不过‘庸言庸行’之间，而不在乎图书象数也。”[3] 认为孔子删诗，在于“存列国之风”，使人听之，“知其国之兴衰”[4]。这就是说，诗不过是史书的特殊表现形式。顾炎武的“六经皆史”的观点，是他经世致用的史学思想在经学认识上的反映。

---

[1] 李贽：《焚书》卷3《童心说》，《李贽全集注》第1册，第277页。

[2] 顾炎武：《日知录》卷3《鲁颂商颂》，《顾炎武全集》第18册，上海古籍出版社，2012年版，第158页。

[3] 顾炎武：《日知录》卷1《孔子论易》，《顾炎武全集》第18册，第85页。

[4] 顾炎武：《日知录》卷3《孔子删诗》，《顾炎武全集》第18册，第131页。

乾嘉时期，钱大昕针对学界“经精而史粗，经正而史杂”的思想，批评道：“彼之言曰：经精而史粗也，经正而史杂也。予谓经以明伦，虚灵玄妙之论，似精实非精也。精以致用，迂阔刻深之谈，似正实非正也。……若元明言经者，非抄袭稗贩，则师心妄作，即幸而厕名甲部，亦徒供后人覆瓿而已，奚足尚哉！”[1]这里，钱氏对经的批评，并不是指的原始经学，而是宋明理学。也就是说，他对宋明以来理学家对经书的神化是不满的。他从源头上考察，说经史同出一辙，并非二学。“经与史岂有二学哉？昔宣尼赞修六经，而《尚书》《春秋》，实为史家之权舆。”[2]他还从目录学上历史地分析了经与史的分合，认为这是学科的分合，不是经尊史卑的问题，“初无经史之别。厥后兰台、东观，作者益繁，李充、荀勖等创立四部，而经史始分，然不闻陋史而荣经也”。[3]

章学诚在《文史通义·易教》篇，提出了“六经皆

[1] 钱大昕：《廿二史札记序》，见赵翼《廿二史札记》卷首，上海古籍出版社，2011年版。

[2] 钱大昕：《廿二史札记序》，见赵翼《廿二史札记》卷首。

[3] 钱大昕：《廿二史札记序》，见赵翼《廿二史札记》卷首。

史”的命题，他说：“六经皆史也，古人不著书，古人未尝离事而言理，《六经》皆先王之政典也。”章学诚这里所说的“六经皆史”的“史”，是指的“史学”，而不是历史资料。他认为，唐宋以来的史部著作，都不是“史学”：“世士以博稽言史，则‘史考’也；以文笔言史，则‘史选’也；以故实言史，则‘史纂’也；以议论言史，则‘史评’也；以体裁言史，则‘史例’也。唐宋至今，积学之士，不过史纂、史考、史例；能文之士，不过史选、史评。古人所为‘史学’，则未之闻矣。”[1] 史学所以与史考不同，是因为史学中包含史意。六经所以都是史，也是因为其中有史意存在。在章学诚看来，经、史不是两种截然不同的学问。做学问是为了致用，六经是古代先王之政典，它讲的也是民生日用的学问，“但切入于人伦之所日用，即圣人之道也。”[2] “舍人伦日用而求学问精微，皆不知府史之史通于五史之义者也。”[3] 所以，他认为在古代只有史，

[1] 章学诚：《上朱大司马论文》，《章学诚遗书》，文物出版社，1985 年版，第 612 页。

[2] 章学诚：《文史通义 · 易教下》，《章学诚遗书》，第 2 页。

[3] 章学诚：《文史通义 · 史释》，《章学诚遗书》，第 41 页。

没有经。“三代学术，知有史而不知有经，切人事也。后人贵经术，以其即三代之史耳。”[1]他还阐发了六经演变为史的途径，说：“盖六艺之教，通于后世有三：《春秋》流为史学；官礼诸记，流为诸子；论议诗教，流为辞章辞命。其他《乐》亡而入于《诗》《礼》;《书》亡而入于《春秋》。《易》学亦入官礼，而诸子家言，源委自可考也。”[2]一方面，章学诚指出古代经史合一，六经皆史；另一方面，他又说后世的史学都是由《春秋》演变出来的。章学诚提出“六经皆史”的观点，与他倡导史学的经世致用有直接的关系。他说：“夫子曰：‘我欲托之空言，不如见诸行事之深切著明也。’此则史氏之宗旨也。”[3]他认为后世史学失却了史学的根本宗旨，到了非进行变革不可的地步。“六经皆史”的观点，是他在复古的旗帜下，论述史学变革的理论根据。

龚自珍，这位生活在清朝衰落时期的思想家、史学家，也明确地提出“六经皆史”的观点。他针对乾隆以来“号为治经则道尊，号为学史则道诎”的观点，

[1] 章学诚:《文史通义·浙东学术》,《章学诚遗书》，第15页。

[2] 章学诚:《上朱大司马论文》,《章学诚遗书》，第612页。

[3] 章学诚:《文史通义·言公上》,《章学诚遗书》，第30页。

提出“尊史”说，强调史学的重要性。他认为“经子皆史”，说：“周之世官大者史。史之外无有语言焉；史之外无有文字焉；史之外无人伦品目焉。”[1]他还从六经的渊源上说明这一点，说：“夫六经者，周史之宗子也。《易》也者，卜筮之史也;《书》也者，记言之史也;《春秋》也者，记动之史也;《风》也者，史所采于民，而编之竹帛，付之司乐者也;《雅》《颂》也者，史所采于士大夫也。《礼》也者，一代之律令，史职藏之故府，而时以诏王者也；小学也者，外史达之四方，瞽史谕之宾客之所为也……故曰：五经者，周史之大宗也。”他从历史的角度，揭示“诸子”也是出自于“史”，说：“孔子殁，七十子不见用，衰世著书之徒，蜂出泉流，汉氏校录，撮为诸子，诸子也者，周史之小宗也。”[2]在龚氏看来，古代的文化，只有“史”才能概括得了，“史”是古代历史文化的总称。龚氏的说法有一定的历史根据，龚氏论证这一点，一是对于“扬经抑史”的反动，二是强调史学的重要。他认为“史”与人类前途和国家民族的命运有着紧密的关系，说：“灭人之

[1] 《龚自珍全集》，上海古籍出版社，1999 年版，第 21 页。

[2] 《龚自珍全集》，第 21 页。

国，必先去其史；隳人之枋，败人之纲纪，必先去其史；绝人之材，湮塞人之教，必先去其史；夷人之祖宗，必先去其史。”[1] 也就是说，“史”是一个民族、一个国家生存的根本。“史”还是人们体察社会情形、探讨治国安邦之道的重要根据。他说：“出乎史，入乎道，欲知大道，必先为史。”[2] 龚自珍对经史关系的论述，与章学诚的视角又有所不同。他是在社会危机的形势下，对史学的重要性所发出的呼唤，对当时沉闷的尊经重经之学风，无疑是一个打击，预示着一个新的学术局面的开辟。

第三节 “六经皆史”说的史学意义

通过对“六经皆史”说的历史考察，可以看出经学与史学的密切关系。在中国史学的悠久历史中，提倡“六经皆史”说不绝如缕，“六经皆史”说也因时代背景和提倡者的用意之不同，而具有不同的含义。但无论怎样，“六经皆史”说至少表明了这样一些意义：

[1] 《龚自珍全集》，第 22 页。

[2] 《龚自珍全集》，第 81 页。

第一，儒家的经书，并不是神学，它也是讲社会日用人伦的，经书虽然被封建统治者捧得很高，以致神化为教条，但它从来没有像其他的宗教经典一样脱离世俗、脱离社会。经书和史书一样，也是以阐释人事现象为旨趣的。六经对社会具有不同的作用，在中国封建国家的政治统治中和在中国的社会生活中具有深刻而广泛的影响。中国史学家尊崇经学，对它的经世致用的作用予以充分的肯定。

第二，六经中的一些著作就是史书。如《春秋》，孟子、司马迁将之作史书来看。司马迁还把自己撰著《史记》看作继承孔子的事业。刘知幾在《史通》中把《尚书》和《春秋》作为最早的史书来评述。《古今正史》首先叙述了《尚书》和《春秋》的撰写，说明他从史学史的角度给予这两部经书以史学地位。

第三，史学没有成为经学的婢女。司马迁把撰著《史记》比作孔子作《春秋》，他要成“一家之言”。即使在理学盛行，理学家倡言“经精史粗”，欲把史学作为经学的附庸的时代，历史学也保持自己的品格。“六经皆史”说在许多情况下，是为反击将经学神秘化而提出的，是对“经精史粗”说的反动。

提出“六经皆史”，并没有否定经学的地位。经学地位之崇高，也是历代史家所承认的。“六经皆史”说，从经学的角度讲，是把经从神的地位解放出来，还原它的本来面目，给予它应有的位置。如顾炎武对《易》所作的评论：“夫子平日不言《易》，而其言《诗》《书》、执礼者，皆言《易》也。”[1] 章学诚把六经作为古代先王之政典，说古人从不离开事实而言理，六经是先王“得位行道，经纬世宙”的记述，都是“切入人伦之所日用”的。他们都把儒家经书看得非常平实。从史学的角度看，则是提高了史学的地位，突出了史学的经世致用的功用，强调史学要有史意。这就是说，即使是地位崇高的经学，也是史。章学诚说：“夫子因鲁史而作《春秋》。孟子曰：‘其事齐桓、晋文，其文则史，孔子自谓窃取其义焉耳。’载笔之士，有志《春秋》之业，固将惟义之求，其事与文，所以藉为存义之资也。”[2] 章氏通过孔子作《春秋》，说明经史同出一源。经中包含先王的经世之道，史学的根本宗旨则是经世致用。所以，史之最根本的则是“义”。

---

[1] 顾炎武：《日知录》卷1《孔子论易》，《顾炎武全集》第18册，第86页。

[2] 章学诚：《文史通义 · 言公上》，《章学诚遗书》，第29页。

“六经皆史”说一方面反映了史学与经学的密切关系，另一方面也是史学家密切经史关系的一面旗帜。其实，从历史编纂学的角度讲，六经中，除了《尚书》《春秋》，其他几部经书《易》《诗》《礼》《乐》很难说是史书，因为它们并不具备史书的基本要素。但如果从历史意识、史学思想的萌芽来看，中国史学的起源，就得追溯到六经那里。《尚书》关于历史盛衰的总结意识，《周易》的变通思想，《周礼》的政教礼治观念，《春秋》的笔法、义例及编年叙事方法等，无不对后世史学产生深远的影响。六经中包含中国先民成熟的历史意识、历史观念。中国史学的萌芽实在是与六经分不开的。儒家经典也是历代史学家阐发史学思想、进行史学批评的根据。如刘知幾、章学诚这两位以史学批评而垂世的史学家，对其涉及的史书的批评可谓是严苛，但他们却都推崇孔子。刘知幾在《史通·自叙》中谈到了他著《史通》的意图和顾虑，称赞孔子的撰修工作，说此后“史籍愈多，苟非命世大才，孰能刊正其失？嗟予小子，敢当此任！……但以无夫子之名，而行夫子之事，将恐致惊末俗，取咎时人，徒有其劳，而莫之见赏。所以每握管叹息，迟回者久之。

非欲之而不能，实能之而不敢也”。对孔子可谓是崇拜之至。中国古代史学家表述史学思想往往以儒家经典为根据，采取“我注六经”的方式，自然，这里面也不可避免地有“六经注我”。然无论是“我注六经”，还是“六经注我”，都不可能脱离六经。中国的史学思想就是在这种矛盾中不断向前发展的。中国史学的这种发展特点，既有积极的一面，也有消极的一面。积极的一面是它使中国史学保持了良好的继承性。中国史学发展的连续不断，与此密切相关。消极的一面是中国史学的包袱太沉重，史学的变革总是难以突破固有的躯壳，天长日久，又走上孟子所说的“一治一乱”的循环老路。于是孔子的六经就不断地成为“拨乱世，反之正”的思想工具。

六经与中国史学有如此密切的关系，决定了中国史学带有鲜明的儒家思想的特点。如中国史书在写历史时有注重历史变通的特点，这与《周易》中讲“变”、讲“通”是一脉相承的。《系辞》曰：“是故阖户谓之坤，辟户谓之乾。一阖一辟谓之变，往来不穷谓之通。”[1]“穷

[1] 《周易·系辞上》，《十三经注疏》(上)，第82页。

则变，变则通，通则久”，“通其变，使民不倦。”[1]《周易》对司马迁的史学思想产生重要影响，司马迁说他著史是为了“见盛观衰”。司马迁在《史记》中写了许多社会变革，指出只有因势而变、承敝通变，才能获得成功。在《高祖本纪》中，他说：“故汉兴，承敝易变，使人不倦，得天统矣。”[2]在《平准书》中又说：“汤武承弊易变，使民不倦，各兢兢所以为治，而稍陵迟衰微。”[3]儒家经学重视经世致用，中国史学也把经世致用作为最高宗旨。儒家经学重人事、富有理性，中国史学也具有浓厚的人本主义的特点。儒家经典的其他思想，也深深地影响着中国史学。中国史学具有鲜明的儒家思想的烙印。

[1] 《周易·系辞下》，《十三经注疏》(上)，第86页。

[2] 司马迁：《史记》卷8《高祖本纪》，第394页。

[3] 司马迁：《史记》卷30《平准书》，第1442页。

第二章　史学旨趣论

第一节　“无益而书，岂若遗而不载？”

在史书的撰写上，儒家史学对史书的内容虽然没有明确的规定，但其关于史学的批评中，也有总的原则，那就是无益不书、无关不书。这是从否定的意义上来表明儒家史学在历史编纂学上的观点。无益不书，从史学的宗旨上讲，就是凡是在历史借鉴、惩恶劝善、有益风化等方面没有意义的内容，就不要写入史书；从历史文学上说，则是尚简，反对史书编纂的烦琐之风。

刘知幾总结了秦汉以来历史编纂的经验教训，特别是对魏晋南北朝以来的史学撰述，作了较多的批评，对儒家史学理论做出了杰出的贡献。

首先，刘知幾反对史书记录鬼神妄说。他说："怪力乱神，宣尼不语；而事鬼求福，墨子所信。"[1] 批评王隐、何法盛之徒"所撰晋史，乃专访州闾细事，委巷琐言，聚而编之，目为鬼神传录，其事非要，其言不经"。[2] 批评刘向、葛洪、沈约等"故立异端，喜造奇说"。[3] 对于鬼神迷信，他是反对的。他在论灾异时说："斯皆妖灾著象，而福禄来踵，愚智不能知，晦明莫之测也。然而古之国史，闻异则书，未必皆审其休咎，详其美恶也。"[4]"或恢谐小辩，或神鬼怪物。其事非圣，扬雄所不观；其言乱神，仲尼所不语。"[5] 在《史通》的许多篇，他都对灾异祥瑞鬼神说进行了辩驳，说史书记载这些荒诞不经的东西，将"受嗤千载"，记载这些内容，违背了孔子的不知不强为知的教导。他慨叹地说："子曰：'盖有不知而作之者，我无是也。'又曰：'君

[1] 刘知幾:《史通·书事》，浦起龙《史通通释》，第 214 页。
[2] 刘知幾:《史通·书事》，浦起龙《史通通释》，第 214 页。
[3] 刘知幾:《史通·杂说下》，浦起龙《史通通释》，第 494 页。
[4] 刘知幾:《史通·书志》，浦起龙《史通通释》，第 58 页。
[5] 刘知幾:《史通·采撰》，浦起龙《史通通释》，第 108 页。

子于其所不知，盖阙如也。’又曰：‘知之为知之，不知为不知，是知也。’呜呼！世之作者，其鉴之哉！”[1]

其次，刘知幾认为，许多无关紧要的人和事，史书也没有必要记述。他对魏晋南北朝以来的史书在这方面的失误批评尤多。他说“大抵近代史笔，叙事为烦。榷而论之，其尤甚者有四”：一是记载谬说、邪言；二是大量记载日常小事，“非复异闻”；三是不厌其烦地记录官爵；四是史书成了家谱。记载这些内容，使得真伪莫分、是非无别；有的只是家谍，与国史无关，“具之史牍，夫何足观？”[2]记载人物也是如此。他认为，书名竹帛，应该主要记载善人，以为世人树立榜样，对于干纪乱常、关系国家存灭兴亡者，也不可阙书。也就是说，记载人物，目的是劝善惩恶，但有些史书就不是这样，刘知幾针对当时的史学风气，列举史书进行评论，他说：“若《汉》传之有傅宽、靳歙，《蜀志》之有许慈，《宋书》之虞丘进，《魏史》之王宪，若斯数子者，或才非拔翠，或行不逸群，徒以片善取知，微功见识，阙之不足为少，书之唯益其累。而史臣皆

[1] 刘知幾：《史通·书志》，浦起龙《史通通释》，第62页。

[2] 刘知幾：《史通·书事》，浦起龙《史通通释》，第216页。

责其谱状，征其爵里，课虚成有，裁为列传，不亦烦乎？”[1]“夫载笔立言，名流今古。如马迁《史记》，能成一家；扬雄《太玄》，可传千载。此则其事尤大，记之于传可也。至于近代则不然。其有雕虫末伎，短才小说，或为集不过数卷，或著书才至一篇，莫不一一列名，编诸传末。事同《七略》，巨细必书，斯亦烦之甚者。”[2]他还说，实录，也不是什么都记、琐细无遗。他批评《隋书》中的《王劭传》《袁充传》，说它们“唯录其诡辞妄说，遂盈一篇。寻又申以诋诃，尤其谄惑。夫载言示后者，贵于辞理可观。既以无益而书，岂若遗而不载。盖学者神识有限，而述者注记无涯。以有限之神识，观无涯之记注，必如是，则阅之心目，视听告劳；书之简编，缮写不给。呜呼！苟自古著述其皆若此也，则知李斯之设坑阱，董卓之成帏盖，虽其所行多滥，终亦有可取焉”。[3]从这段话中，可见他对史书之妄载是多么反感。

再次，史书中不应大量录入诗章歌赋等文学作品。

[1] 刘知幾:《史通・人物》，浦起龙《史通通释》，第 223 页。
[2] 刘知幾:《史通・杂说下》，浦起龙《史通通释》，第 495 页。
[3] 刘知幾:《史通・杂说中》，浦起龙《史通通释》，第 469 页。

刘知幾认为，文史分途，是史学发展的必然，写历史，总是充满华丽的辞藻，大量地录入诗章歌赋，“实为乖越”。“虽文皆雅正，而事悉虚无，岂可便谓南、董之才，宜居班、马之职也？”[1]也就是说，虽然文字雅正，却言而无物，这样难道就说是尽到史家的责任了吗？他引用陆机的话说：“离之则双美，合之则两伤。”因为史书是记载历史事实的，是用以惩恶劝善的，它的任务与文学有别。“夫盛服饰者，以珠翠为先；工缋事者，以丹青为主。至若错综乖所，分布失宜，则彩绚虽多，巧妙不足者矣。”[2]对于不能表现史义的史文，他的批评是严厉的。如他批评班固《汉书》中的《公孙弘传赞》，说“直言汉之得人，盛于武、宣二代，至于平津善恶，寂蔑无睹。持论如是，其义靡闻”。[3]由此可见，刘氏其实也强调史义，在史文史义之间，他把史义看得更加重要。

刘知幾对史书记载内容所进行的评论，一般与史文繁简是联系在一起的。在史书撰写的语言上，他反

[1] 刘知幾:《史通·杂说下》，浦起龙《史通通释》，第477页。

[2] 刘知幾:《史通·杂说下》，浦起龙《史通通释》，第473页。

[3] 刘知幾:《史通·杂说下》，浦起龙《史通通释》，第473页。

对使用骈体文，所谓“编字不只，捶句皆双，修短取均，奇偶相配”是一种“弥漫重沓”的文风。他的主张是尚简、用晦。他说：“夫国史之美者，以叙事为工，而叙事之工者，以简要为主。”[1]晦，是与显相对的。他说：“章句之言，有显有晦。显也者，繁词缛说，理尽于篇中；晦也者，省字约文，事益于句外。……夫能略小存大，举重明轻，一言而巨细咸该，片语而洪纤靡漏，此皆用晦之道也。”[2]刘知幾的关于史文“尚简”“用晦”之论是针对魏晋以来史书之妄书和烦琐提出的，其中不免说得过于绝对。以后，儒家史学在史文繁简的问题上不断完善，提出了更加完善的理论。宋人洪迈说：“夫文贵于达而已，烦与省各有当也。”[3]这在一定意义上修正了刘氏的片面性。顾炎武继承了宋人的认识，在这个问题上表述得较为开阔，比较实事求是：“辞主乎达，不论其繁与简也。繁简之论兴，而文亡矣。《史记》之繁处，必胜于《汉书》之简处。《新唐书》之简也，

[1] 刘知幾：《史通·叙事》，浦起龙《史通通释》，第156页。

[2] 刘知幾：《史通·叙事》，浦起龙《史通通释》，第161页。

[3] 洪迈：《容斋随笔》卷1，“文烦简有当”条，上海古籍出版社，2015年版，第4页。

不简于事而简于文，其所以病也。”[1]他引用刘安世（字器之）的话说：“《新唐书》叙事好简略其辞，故其事多鬱而不明，此作史之病也。且文章岂有繁简邪？昔人之论，谓‘如风行水上，自然成文’。若不出于自然，而有意于繁简，则失之矣。”[2]顾炎武的观点，对清代学者有很大的影响，如钱大昕就很赞成顾氏的观点。从刘知幾时期史文尚简、用晦的讨论到顾炎武的繁简之论，反映了儒家史学无益不书原则在史书编纂中的文字表述方面的不断发展。

除了刘知幾外，还有一些史学家从读史的角度论述写史，如朱熹的《朱子语类》、王夫之的《读通鉴论》等，他们的读史体会也反映了“无益不书”的要求。

朱熹说：“读史当观大伦理、大机会、大治乱得失。”[3]所谓大伦理，就是君臣父子等伦理问题，这种伦理问题，实际上又是一个重大的政治问题。所谓大

---

[1] 顾炎武：《日知录》卷19《文章繁简》，《顾炎武全集》第19册，第751—752页。

[2] 顾炎武：《日知录》卷19《文章繁简》，《顾炎武全集》第19册，第752页。

[3] 朱熹：《朱子语类》卷11《读书法下》，《朱子全书》（修订本）第14册，上海古籍出版社、安徽教育出版社，2010年版，第355页。

机会，就是决定成败得失的历史关头、历史机遇。治乱得失，是指历史的盛衰变化。就是说，读史，应当注意这些方面。他举例说：“且如读《史记》，便见得秦之所以亡，汉之所以兴；及至后来刘、项事，又知刘之所以得，项之所以失，不难判断。只是《春秋》却精细，也都不说破，教后人自将义理去折衷。”[1]这是朱熹作为一个学者，站在读者的立场上给史书提出的要求，以及读史要注意的问题。那么对写史者来说更要重视这些方面。如果不能把“大伦理、大机会、大治乱得失写出来”，那么读者怎能看出这些问题？怎么能从历史中得到经验教训呢？所以，这虽是谈读史的问题，其实也是一个史书撰写原则的问题。

王夫之认为，史书是用于经世的，史家离开这一指导思想，徒繁记载，史书就失去作用。他说：“所贵乎史者，述往以为来者师也。为史者记载徒繁，而经世之大略不著，后人欲得其得失枢机以效法之无由也，

[1] 朱熹：《朱子语类》卷83《春秋·纲领》，《朱子全书》（修订本）第17册，第2842页。

则恶用史为？”[1]他对历史的作用有清醒的认识，说：“史者，垂于来今以作则者也。”[2]“史之为书，见诸行事之征也。则必推之而可行，战而克，守而固，行法而民以为便，进谏而君听以从，无取于似仁似义之浮谈，只以致悔吝而无成者也。则智有所尚，谋有所详，人情有所必近，时势有所必因，以成与得为期，而败与失为戒，所固然矣。”[3]因此，他说史家写史书时若喜欢恢奇震跃之言，则驯致而人心以惑，风俗以淫，廉耻以堕，将导致祸患无穷[4]。故王氏论史，喜论政治、风俗、财富、学术，以期经世致用。

每当史学偏离正确轨道的时候，有见识的史学家就拿起批评的武器，对史学的方向进行探讨。刘知幾提出“无益而书，岂若遗而不载”是对史学虚妄繁复之风的一种警戒。

---

[1] 王夫之：《读通鉴论》卷6《光武一〇》，中华书局，1975年版，第350—351页。

[2] 王夫之：《读通鉴论》卷20《太宗二十二》，第1619页。

[3] 王夫之：《读通鉴论》卷末《叙论三》，第2545页。

[4] 参见《读通鉴论》卷末《叙论三》。

第二节 “凡文之不关六经之指、当世之务者，一切不为”

儒家史学讲究“器识”。所谓“器识”，是指研究学问所必需的器量和见识，具体地说，做学问要以天下为己任，对社会有益处。宋朝人刘挚告诫子弟说：“士当以器识为先，一命为文人，无足观也。”顾炎武读了这话，很受感动，他决心谢绝一切应酬文字，要“养其器识而不堕于文人也”[1]，他说：“天生豪杰，必有所任……今日者拯斯人于涂炭，为万世开太平，此吾辈之任也。”[2]他以儒者自居，认为一个儒者的使命就是为百姓着想，“不忘百姓，敢自托于鲁儒”。[3]“至于三代之英，固圣人所有志；百姓之病，亦儒者所难忘。”[4]

---

[1] 《亭林文集》卷4《与人书十八》，顾炎武著，华忱之点校《顾亭林诗文集》，第96页。

[2] 《亭林文集》卷3《病起与蓟门当事书》，顾炎武著，华忱之点校《顾亭林诗文集》，第48页。

[3] 《亭林文集》卷6《答徐甥公肃书》，顾炎武著，华忱之点校《顾亭林诗文集》，第139页。

[4] 《蒋山傭残稿》卷1《与友人书》，顾炎武著，华忱之点校《顾亭林诗文集》，第190页。

这种器识体现在史学上，就是史学应担负起明道救世的责任。他说:“君子之为学，以明道也，以救世也。徒以诗文而已，所谓‘雕虫篆刻’，亦何益哉！”[1]他不做空虚无用之文，说:“凡文之不关于六经之指、当世之务者，一切不为。而既以明道救人，则于当今之所通患，而未尝专指其人者，亦遂不敢以辟也。”[2]他的好友李中孚求他为母作传，他几次谢绝，终已辞之。黄宗羲的夫人去世，其子黄百学求他为其母作表，他也婉言谢绝[3]，因为这都是一人一家之事，无关经术政理之大。他辑录了两部大书:《天下郡国利病书》和《肇域志》。这两部书是他 27 岁退出科场后，“感四国之多虞，耻经生之寡术”，愤而致力于经世济用的读书结晶。他又著《日知录》，“上篇经术，中篇治道，下篇博闻共三十余卷。有王者起，将以见诸行事，以跻

[1] 《亭林文集》卷 4《与人书二十五》，顾炎武著，华忱之点校《顾亭林诗文集》，第 98 页。

[2] 《亭林文集》卷 4《与人书三》，顾炎武著，华忱之点校《顾亭林诗文集》，第 91 页。

[3] 见《蒋山傭残稿》卷 2《与陈介眉书》，顾炎武著，华忱之点校《顾亭林诗文集》，第 197 页。

斯世于治古之隆”[1]。顾氏所言的“凡文之不关六经之指、当世之务者，一切不为”，鲜明地体现了一个儒家史学家倾心于国家治乱兴衰的情怀，典型地反映了儒家史学无关不书的史学思想。

所谓的“无关不书”，也是相对而言的，即相对于史学的目的。在不同时期，其不书的内容可能并不一样。但无论如何，它体现了儒家史学的一种器识、一种理念。

司马迁写《史记》，写了大量的人物传记，写出了波澜壮阔的历史场景。他在解释他的写作体例时说：“罔（网）罗天下放失旧闻，王迹所兴，原始察终，见盛观衰，论考之行事，略推三代，录秦汉，上记轩辕，下至于兹，著十二本纪，既科条之矣。并时异世，年差不明，作十表。礼乐损益，律历改易，兵权山川鬼神，天人之际，承敝通变，作八书。二十八宿环北辰，三十辐共一毂，运行无穷，辅拂股肱之臣配焉，忠信行道，以奉主上，作三十世家。扶义俶傥，不令己失

[1] 《亭林文集》卷4《与人书二十五》，顾炎武著，华忱之点校《顾亭林诗文集》，第98页。

时，立功名于天下，作七十列传。”[1]这是他对将“本纪”“表”“书”“世家”“列传”五种体裁融为一体的说明，反映出他要写出汉代大一统皇朝局面的自觉的史学意识。他重视写历史变化、社会改革，通过写历史的变，以见盛观衰。但在有些方面，他就略写，甚至不写。董仲舒是当时的大儒，但他对董仲舒的学说，既没有叙述，也没有评论，只是在《儒林列传》简单地说他“以《春秋》灾异之变推阴阳所以错行”[2]。司马迁对董仲舒的阴阳灾异的说法是不赞成的，《孟子荀卿列传》对邹衍“五德终始说”的揭露，《封禅书》对神仙说的嘲笑和讽刺，都表明了这一点。在《天官书》中，他说：“孔子论六经，纪异而说不书。至天道命，不传。”[3]这样写出孔子对灾异和天道的看法，无异是对董仲舒学说的否定。从司马迁对董仲舒的“冷处理”可知，在“无关不书”这方面，司马迁也是有他的原则的。

刘知幾认为，史官对那些“其恶可以戒世，其善可以示后”的人不书，是史官的失职。因为史学的重

[1] 司马迁：《史记》卷130《太史公自序》，第3319页。

[2] 司马迁：《史记》卷121《儒林列传》，第3128页。

[3] 司马迁：《史记》卷27《天官书》，第1343页。

要功用之一是惩恶扬善。但他反对把没有历史记载价值的人也列入史书，对魏晋南北朝以来铺列人物、记述烦琐给予了批评，“至如不才之子，群小之徒，或阴情丑行，或素餐尸禄，其恶不足以曝扬，其罪不足以惩戒，莫不搜其鄙事，聚而为录，不其秽乎？”接着他列举了一些史书中的人物，说：“若斯数子者，或才非拔萃，或行不逸群，徒以片善取知，微功见识，阙之不足为少，书之唯益其累。而史臣皆责其谱状，征其爵里，课虚成有，裁为列传，不亦烦乎？”[1] 在史文方面，他反对浮华，说浮华之文无关史学之要：“昔夫子修《春秋》，别是非，申黜陟，而贼臣逆子惧。凡今之为史而载文也，苟能拔浮华，采贞实，亦可使夫雕虫小技者，闻义而知徙矣。”[2] “昔尼父裁经，义在褒贬，明如日月，持用不刊。而史传所书，贵乎博录而已。至于本事之外，时寄抑扬，此乃得失禀于片言，是非由于一句，谈何容易，可不慎欤？”[3] 他批评班固

[1] 刘知幾:《史通·人物》，浦起龙《史通通释》，第 222—223 页。

[2] 刘知幾:《史通·载文》，浦起龙《史通通释》，第 118 页。

[3] 刘知幾:《史通·浮词》，浦起龙《史通通释》，第 147 页。

略大举小，“有事可书而不书者，不应书而书者”[1]，认为正确的笔法应该是“书之有益于褒贬，不书无损于劝诫”。[2]

杜佑在《通典·自序》中阐明了自己撰著此著的目的：“实采群言，征诸人事，将施有政。”即着眼于现实，通过研究历代的制度、实行的政策和措施，致力于解决唐朝所面临的政治危机。此前，他曾撰《理道要诀》，说“理道不录空言”。他的《通典》200卷，分食货、选举、职官、礼、乐、兵、刑、州郡、边防等九门，每门之下，又有若干子目。杜佑设置这些内容，反映了他对社会历史的认识。他在《自序》中说：

> 夫理道之先在乎行教化，教化之本在乎足衣食。《易》称聚人曰财。《洪范》八政，一曰食，二曰货。《管子》曰：“仓廪实知礼节，衣食足知荣辱。”夫子曰：“既富而教。”斯之谓矣。夫行教化在乎设官职，设官职在乎审官才，审官才在乎精选举，制礼以端其俗，立乐以和其心，此先哲王致治之

[1] 刘知幾：《史通·杂说下》，浦起龙《史通通释》，第474页。

[2] 刘知幾：《史通·杂说下》，浦起龙《史通通释》，第493页。

大方也。故职官设然后兴礼乐焉，教化隳然后用刑罚焉，列州郡俾分领焉，置边防遏戎狄焉。是以食货为之首，选举次之，官职又次之，礼又次之，乐又次之，刑又次之，州郡又次之，边防末之。[1]

杜佑强调理道之先在于“教化”，这反映了儒家史学家经世致用的特点。但他没有空谈教化，而是深入到社会内部，探讨理道的具体问题。他从社会的经济基础论到上层建筑、意识形态，揭示了社会的运行机制，正确地认识到经济基础在社会发展中的重要地位，并把食货放在最重要的位置。他对封建社会结构的理论认识和在历史编纂学上的高度自觉，和司马迁相比，又高出一个层次。“不达术数之艺，不好章句之学”“理道不录空言”等，都反映了杜佑治史在于“将施有政”的“致用”之旨。他的《通典》是中国史学史上的一部杰作，在写作上，自觉地贯彻了“无关不书”的原则。

司马光说他修《资治通鉴》，其动机是“每患迁、固以来，文字繁多，自布衣之士，读之不遍，况于人

[1] 杜佑:《通典 · 自序》，杜佑著，王文锦等点校《通典》，中华书局，1988 年版，第 1 页。

主，日有万机，何暇周览！臣常不自揆，欲删削冗长，举撮机要，专取关国家盛衰，系生民休戚，善可为法，恶可为戒者，为编年一书”[1]。就是说，司马光的旨趣是“资治”，他写作史书有他的取材范围，对这个范围外的史事，他也遵循无关不书的原则。清人李因笃曾向顾炎武提出“《通鉴》不载文人”的问题，说：“《通鉴》不载文人，如屈原之为人，太史公赞之，谓‘与日月争光’，而不得书于《通鉴》。杜子美若非‘出师未捷’一诗为王叔文所吟，则姓名亦不登于简牍矣。”顾氏回答说：“此书本以资治，何暇录及文人？”[2]当然，顾氏的回答以及司马光的做法均有可议之处，但不可否认的是，他们都有无关不书的史学编纂思想。

郑樵提倡实学的治史主张，对盛行于当世的义理之学和辞章之学大加贬斥，他说，后人之学术不及前人之学术者，大概有二：“一者义理之学，二者辞章之学。义理之学尚攻击，辞章之学务雕搜。耽义理者，

---

[1] 司马光：《资治通鉴·进书表》，《资治通鉴》点校本，中华书局，1956年版，第9607页。

[2] 顾炎武：《日知录》卷26《通鉴不载文人》，《顾炎武全集》第19册，第1012页。

则以辞章之士不达渊源；玩辞章者，则以义理之士为无文彩。要之，辞章虽富，如朝霞晚照，徒焜耀人耳目；义理虽深，如空谷寻声靡有底止，二者殊途而同归，是皆从事于语言之末，而非为实学也。”[1]他把那些不知留意宪章、徒尚空言的史家比作只会吵嘴不做家务的长舌妇，说“夫史者，国之大典也，而当职之人不知留意于宪章，徒相尚于言语，正犹当家之妇，不事饔飧，专鼓唇舌，纵然得胜，岂能肥家！”[2]这个批评，从思想深度来说，比刘知幾对魏晋以来史书记述烦琐的批评又进了一步。郑樵在《通志·总序》中提出了“会通之义”，他有会天下之书而为一家的史家气魄，所撰二十略，自称“总天下之学术”。《二十略》扩大了史书研究的范围，但对阴阳五行、灾祥迷信，则采取批判和排斥的态度。他在《灾祥略》中说：“今作《灾祥略》，专以记实迹，削去五行相应之说，所以绝其妖。”[3]

---

[1] 郑樵:《通志·图谱略·原学》,《通志》，中华书局，1987年版，第837页。

[2] 郑樵:《通志·总序》，第2页。

[3] 郑樵:《通志·灾祥略·灾祥序》，第853页。

历史编纂有它的原则，这个原则是历史学的根本宗旨决定的。“凡文之不关六经之指、当世之务者，一切不为”，反映了儒家史学在贯穿自己的史学宗旨方面，具有高度自觉的精神。

第三章　史书义例论

第一节　讲究义例的传统

讲究义例，是儒家史学的传统，对中国史学影响深远，是中国史学的重要特色之一。这个传统是儒家的创始人孔子奠定的。孔子作《春秋》，非常讲究义例。所谓义例，就是通过史书的体例来表达作者的史义，它包含"义"和"例"两个方面，二者构成一个矛盾统一体，也就是说，史家有意识地通过史书的体例反映他的史学思想。史义须借助一定的史例来表现，而史例的选择和运用要受史义的支配，二者相辅相成。随着中国史学的发展，义例逐渐成为说明和评论史书的一个重要史学范畴。

《春秋》在中国史学史上是具有奠基意义的史书，梁启超说："历史学者假如要开会馆找祖师，或者可用孔子。"[1] 所以这样说，是因为孔子作的《春秋》已具备了史学的基本要素：事、文、义，就像孟子对它评论的："其事则齐桓、晋文，其文则史。孔子曰：'其义则丘窃取之也。'"[2]《春秋》按年代、四时、月、日进行记事，初步创立了中国编年体史书的雏形，它上起鲁隐公元年（公元前 722 年），下讫鲁哀公十四年（公元前 481 年），历鲁国十二公，凡 242 年，约 18,000 字，基本写出了春秋时期的重要历史事件，在史学发展上有着重要的意义。作为最早的编年体史书，《春秋》的第一个特点就是"属辞比事而不乱"，即在用辞、排比史事方面很讲究，使全书秩序井然。《春秋》讲究遣词造句，如记周天子死曰"崩"，鲁君死曰"薨"，大夫及别国国君死曰"卒"；同是杀人，记本国人杀国君曰"弑"，别国人杀国君曰"戕"，本国人之贱者杀国君曰"杀"；攻打别国，若该国有罪，则曰"伐"，无罪

[1] 梁启超：《中国历史研究法补编》，《饮冰室合集》专集之九十九，中华书局，1989 年版，第 156 页。

[2] 《孟子·离娄下》，杨伯峻译注《孟子译注》，第 192 页。

曰“侵”，偷偷地进行则曰“袭”。此外，还有战、围、救、取、执、溃、灭、败等不同的用字。晋文公召见周天子,《春秋》却书“天子狩于河阳”。这些都是体例，也被称作“书法”。《礼记·经解》说“属辞比事,《春秋》教也”，就是指的《春秋》在编撰体例和表述要求上的特点。《春秋》书法，有何者书、何者不书以及如何书之例，这可以说是全书结构的体例；孔子通过书法，表达他对史实、对历史人物评价的态度。孔子说:“后世知丘者以《春秋》,而罪丘者亦以《春秋》。”[1]他以《周礼》为标准，将自己对社会的看法通过史书表现出来，并认为这样做比空洞地说教更有说服力:“周监于二代,郁郁乎文哉！吾从周。”[2]“我欲载之空言,不如见之于行事之深切著明也。”[3]可见,他把作《春秋》看得很重，且有自觉的史书义例思想，对此,《左传》称赞说:“《春秋》之称，微而显，志而晦，婉而成章，尽而不汙，惩恶而劝善，非圣人，谁能修之？”[4]孟子也

[1] 司马迁:《史记》卷 47《孔子世家》，第 1944 页。

[2] 《论语 · 八佾》，杨伯峻译注《论语译注》，第 28 页。

[3] 司马迁:《史记》卷 130《太史公自序》，第 3297 页。

[4] 《左传》成公十四年,《十三经注疏》(下)，第 1913 页。

说:“世衰道危,邪说暴行有作,臣弑其君者有之,子弑其父者有之。孔子惧,作《春秋》”;“孔子成《春秋》而乱臣贼子惧”。[1] 司马迁也认为,《春秋》“约其辞文,去其烦重,以制义法,王道备,人事浃”[2],“《春秋》之义行,则天下乱臣贼子惧焉”。[3]《春秋》的这种“书法”,后人称之“春秋笔法”。

以后,史家作史,常常以孔子作《春秋》为帜志,继承孔子重义例的传统。司马迁在《史记·太史公自序》中说:“先人有言:‘自周公卒五百岁而有孔子。孔子卒后至于今五百岁,有能绍明世,正《易传》,继《春秋》,本《诗》《书》《礼》《乐》之际?’意在斯乎!意在斯乎!小子何敢让焉。”[4]他接受了董仲舒关于《春秋》大意的阐释,并在自己著史的实践中作了进一步的发挥。他说:“余闻董生曰:‘周道衰废,孔子为鲁司寇,诸侯害之,大夫壅之。孔子知言之不用,道之不行也,是非二百四十二年之中,以为天下仪表,贬

---

[1] 《孟子·滕文公下》,杨伯峻译注《孟子译注》,第155页。

[2] 司马迁:《史记》卷14《十二诸侯年表》,第509页。

[3] 司马迁:《史记》卷47《孔子世家》,第1943页。

[4] 司马迁:《史记》卷130《太史公自序》,第3296页。

天子，退诸侯，讨大夫，以达王事而已矣。’”“夫《春秋》，上明三王之道，下辨人事之纪，别嫌疑，明是非，定犹豫，善善恶恶，贤贤贱不肖，存亡国，继绝世，补敝起废，王道之大者也。”[1] 他撰著《史记》，就是论载“天下之史文”，记下“明主贤君忠臣死义之士”的功业，从而总结“成败兴坏之理”，以成他的史家之“一言”。他将多种体裁合为一书，形成纪传体，这是司马迁撰史的最重要的体例。在《太史公自序》中，他对书中各篇均作了提纲挈领的介绍，对自己设置各种体裁的意义进行了阐释，说：“上记轩辕，下至于兹，著十二本纪，记科条之矣。并时异世，年差不明，作十表。礼乐损益，律历改易，兵权山川鬼神，天人之际，承敝通变，作八书。二十八宿环北辰，三十辐共一毂，运行无穷，辅拂股肱之臣配焉，忠信行道，以奉主上，作三十世家。扶义俶傥，不令己失时，立功名于天下，作七十列传。”[2] 这里谈到了本纪、世家、列传三种体裁及其关系，司马迁把几种体裁融为一炉，创立了一种新体裁。这种新体裁的创立，实际上是西汉皇朝的

[1] 司马迁：《史记》卷 130《太史公自序》，第 3297 页。

[2] 司马迁：《史记》卷 130《太史公自序》，第 3319 页。

大一统局面在史学上的一种反映。同时，这种序例似的自传，使中国史学对义例的重视更加自觉了。此后，史家著述，一般都有自叙或凡例之类的文字，里面总要谈到撰述的目的和史体的运用。这对中国史学重视义例的传统之形成有重要的作用。

班固断汉为史，把司马迁《史记》的“书”改为“志”，去掉“世家”，使纪传体更加严整，以有利于他“宣汉”史学思想的阐发。他认为：“汉承尧运，德祚已盛，断蛇著符，旗帜上赤，协于火德，自然之应，得天统矣。”[1] 即汉朝的建立是合乎天命的，而反对司马迁将汉代“编于百王之末，厕于秦、项之列”。[2] 为此，他将大汉独立为一史，上自高祖，下至王莽。他还批评司马迁“是非颇缪于圣人，论大道则先黄老而后六经，序游侠则退处士而进奸雄，述货殖则崇势利而羞贫贱”。[3] 这些议论都反映出他与司马迁的不同的义例思想。

自东汉末年以后，史家对体例的重视，有所发展。

---

[1] 班固：《汉书》卷 1《高祖本纪赞》，第 82 页。

[2] 班固：《汉书》卷 100 下《叙传下》，第 4235 页。

[3] 班固：《汉书》卷 62《司马迁传》，第 2738 页。

荀悦著《汉纪》，仿《左传》体例，简化《汉书》，在编年史的写法上作了创新，采用了“通比其事，例系年月”和“通连体要，以述《汉纪》”的方法，即以年月顺序记述重大史事和历史人物，并顺便将与之同类或有关而无年月可考或不便分散记述的事、人以及典章制度集中介绍。此法被称作类叙法或连类列举法。他认为立典有“五志”：“一曰达道义，二曰彰法式，三曰通古今，四曰著功勋，五曰表贤能。”[1]《汉纪》在撰写上贯彻了这些史学思想。袁宏著《后汉纪》，自云撰史的目的是“通古今而笃名教”，[2]认为“夫君臣父子，名教之本也”。[3]于是，采取“言异言行，趣舍各以类书”的方法，借以“观其名迹，想见其人”。[4]作者着重写人物，并连类而举，在编年体上又前进了一步。

刘知幾著《史通》，立《序例》篇，对晋代史家干宝、邓粲、孙盛等在史书体例上的贡献予以肯定，说“史

[1] 荀悦:《汉纪》卷1《高祖皇帝纪》,《两汉纪》上册，中华书局，2002年版，第1页。

[2] 袁宏:《后汉纪·序》,《两汉纪》下册，中华书局，2002年版，第1页。

[3] 袁宏:《后汉纪》卷26《孝献皇帝纪》,《两汉纪》下册，中华书局，2002年版，第509页。

[4] 袁宏:《后汉纪·序》,《两汉纪》下册，中华书局，2002年版，第1页。

例中兴，于斯为盛”。又指出南朝梁沈约《宋书》的志序、萧子显《齐书》的序录，“虽皆以序为名，其实例也”。刘知幾强调了体例的重要性，认为“史之有例，犹国之有法。国无法，则上下靡定；史无例，则是非莫准”。[1] 把史书的体例的重要性上升到理论的高度。他的《史通》，基本上是围绕着史例而展开论述的，他首列《六家》《二体》，对断代的纪传体史书《汉书》尤其称赞有加。

南宋的郑樵也是一位善言义例的史家。他说：“类书，犹持军也。若有条理，虽多而治，若无条理，虽寡而纷。类例不患其多也,患处多之无术耳。”[2] 在《通志·总序》中，他重点讲了史学的会通之义。他从“百川异趣，必汇于海”“万国殊途，必通诸夏”的自然现象和社会现象，论述“会通之义大矣哉”。郑樵推崇通史著作，称赞孔子、司马迁是深谙“会通之义”的史家，认为“使百代而下，史官不能易其法，学者不能舍其书”。郑樵所谓的“会通之义”，一是重古今“相因之义”，揭示历史的联系；二是重历代损益、“古今之变”，

[1] 刘知幾:《史通·序例》，浦起龙《史通通释》，第 81 页。

[2] 郑樵:《通志》卷 71《校雠略·编次必谨类例论》，第 831 页。

揭示历史的变化。他对那种割断历史的联系的断代史进行了猛烈的批评，锋芒所向，直指断代史的开创者班固，批评他“断汉为书，是致周、秦不相因，古今成间隔”。“自班固断代为史，无复相因之义；虽有仲尼之圣，亦莫知其损益，会通之道，自此失矣。”[1]郑樵对“会通之义”的阐释是有理论价值的。他对断代史的全然否定和对班固个人的批评，都不免失之过当。他的“扬马抑班”和刘知幾的“扬班抑马”（刘氏其实是扬断代抑通史）形成了鲜明的对照。刘氏对通史的批评和郑氏对断代的否定，反映了中国儒家史学对会通和断代史体的两种不同旨趣。

章学诚的《文史通义》是中国传统史学发展后期的理论总结之作。该著不仅论述史书的体裁体例，对史著之“史意”犹为重视。他的《书教》《释通》《申郑》以及《史学例议》《史篇别录例议》《与邵二云论修宋史书》等篇，都是关于史书义例问题的精彩篇章。他提出“撰述”和“记注”的区别以及不同要求——“圆而神”“方以智”，说：“撰述欲其圆而神，记注欲其方

[1] 郑樵：《通志·总序》，第1页。

以智也。夫‘智以藏往，神以知来’，记注欲往事之不忘，撰述欲来者之兴起，故记注似藏往似智，而撰述知来拟神也。藏往欲其赅备无遗，故体有一定，而其德为方；知来欲其抉择去取，故例不拘常，而其德为圆。”[1]这里的“记注”相当于今天说的编，“撰述”相当于著。“方”是说作者必须讲究一定的体例，使其可以具备各方面的记载，以做到记载没有遗漏；“智”是说作者应有相当的知识水平，使其所编之书表达或储存丰富的历史知识；“圆”是说作者在著述方法上应有“别识心裁”，不为成例所拘；“神”是说作者在著述思想上应有远见卓识，以做到“神以知来”。他还正确地论述了史书内容和形式的辩证关系，认为编撰史书，不能不讲究体例但又不能拘泥于体例，应努力使史书的形式更好地反映史书的内容、表述历史的变化。章学诚关于史书义例的论述，代表了儒家史学理论在封建社会末期关于义例问题的最高水平。

由上可知，儒家史学是很讲究义例的，这也是中国史学的一个特点。儒家史学关于史书义例的论述非

[1] 章学诚:《文史通义·书教下》,《章学诚遗书》，第4页。

常丰富，对此，我们应深入地挖掘和批判地继承。

第二节　史义与史书体裁体例

中国史学的历史非常悠久，历史典籍之繁富可以说是举世无双。黑格尔说：“中国‘历史作家’的层出不穷，继续不断，实在是任何民族所比不上的。”[1] 梁启超也说：“中国于各种学问中，惟史学为最发达；史学在世界各国中，惟中国为最发达。”[2] 而中国史学的发达，一个重要的方面是历史编纂学的发达。这种发达与儒家重视义例是分不开的。因此，孔子开创的儒家史学注重义例的传统，在中国史学史上具有重要的意义。

中国历史编纂学强调体裁和体例的恰当运用。体裁指的是史书的外部表现形式，体例指的是史书内部的组织结构。中国史书的体裁有多种。在中国史学的童年时期，史书就分为记事体、记言体。相传有左史

---

[1] 黑格尔：《历史哲学》，生活·读书·新知三联书店，1958 年版，第 161 页。

[2] 梁启超：《中国历史研究法》，《饮冰室合集》专集之七十三，第 9 页。

记言、右史记事的说法。实际上，记言记事很难截然分开。随着史学的发展，在记言记事两种体裁继续存在的情况下，记言记事相结合的史书多了起来，逐渐形成如下史书体裁。

编年体。这种体裁出现较早，有代表性的著作除《春秋》外，还有《左传》《竹书纪年》《汉纪》《后汉纪》《资治通鉴》等。历朝的“起居注”及“实录”如温大雅的《大唐创业起居注》《明实录》《清实录》等也属于以编年体编次的文献资料。编年体以时间为中心，按年月日顺序记述史事，即以时间为经，以史事为纬，能够比较容易反映出同一时期各个历史事件的联系，这是它的优点。而不易于集中反映同一事件前后的联系，则是它的缺点。

纪传体。纪传体的创立者是司马迁。他的《史记》是纪传体通史。班固著《汉书》，又开创了纪传体的断代史。纪传体实际是一种综合性的体裁，包括本纪、世家、载记、列传、书志、表和史论。本纪，基本上是以帝王为中心的编年体。世家，主要是记载诸侯和贵族的历史。载记，是叙述割据政权的历史。列传，是各方面代表人物的传记。书志，是关于典章制度和有关自然、社会各方面的历史。表，是用来表示错综复杂的社会情况和无法一一写入列传的众多人物。史论，则是对历史人物和历史事件的评论。优秀的纪传体史书把这些体裁配合起来，形成一个相辅相成的整体。它的优点是以记述历史人物为中心，可以更多地反映各类人物在历史上的活动。同时，它包容量大，记述范围比较广泛，便于通观一个时期历史的发展形势。它的缺点是难以清晰地表达历史发展的时间顺序和各事件、各人物之间的联系。

纪事本末体。这种体裁既不同于编年体以纪年为主，也不同于纪传体以传人为主，而是以记事为主，把历史上的大事，详其首尾，集中表述其过程。无论是编年体还是纪传体，在记事方面都有缺陷。南宋袁枢依据《资治通鉴》的内容，总括为239事，分别列目，各自成篇，并于各篇之间略按时间顺序编排，撰成《通鉴纪事本末》42卷，创立了纪事本末体。此后，用这种体裁撰成的史著有明朝陈邦瞻的《宋史纪事本末》《元史纪事本末》，清朝高士奇的《左传纪事本末》，李有棠的《辽史纪事本末》《金史纪事本末》，张鉴的《西夏纪事本末》，谷应泰的《明史纪事本末》等。纪事本末体史书克服了编年体和纪传体在记事方面“首尾难稽”的缺点，在史书体裁上是一个重要的进步。

纲目体。由纲和目组成，纲是提要，目是对纲的解释。纲目体是朱熹创立的，以《资治通鉴纲目》为标志，据司马光的《资治通鉴》改编而成。简明清晰，贯通详备，是其编撰的优点。《资治通鉴纲目》不是简单地对《资治通鉴》的改编，它蕴涵了编者的历史思想，在历史编纂学上是一个发展。明朝商辂著的《通鉴纲目续编》，清吴乘权等人著的《纲鉴易知录》，都是纲目体著作。

典志体。分门别类、记述历代的典章制度的史书称为典志体。它是纪传体史书中“书”“志”的发展，它从纪传体中分离出来，成为一种独立的体裁。中国第一部有影响的典志体著作是唐代杜佑撰的《通典》。它与《文献通考》《通志》被后人合称为“三通”（其实《通志》是以纪传体为主的史书，典制只占很少的一部分）。典志体也有断代为书的，专详一朝的典章，通常称为“会要”，如北宋王溥的《唐会要》《五代会要》，南宋徐天麟的《西汉会要》《东汉会要》等。

学案体。它是一种较为完备的学术史体裁，由黄宗羲创立。明清之际，黄宗羲撰《明儒学案》，列学案19目，叙明代学者200余人。以后又撰《宋元学案》，未完成而卒，后由其子黄百家和全祖望成其书。这两部书是学案体史书的杰作，代表了古代学术史的最高水平。学案体一般由学者传记、言行录、著作摘要、他人有关的评论等几部分组成，并特别重视学术流派和师承弟子传授的关系。在我国典籍中，很早就有关于学术史的撰述。先秦时期，有《庄子·天下》篇、《荀子·非十二子》篇、《韩非子·显学》篇等，评论学术流派，可谓是学术史的滥觞。《史记》中有先秦诸子传记、仲尼弟子列传、《日者传》《龟策传》等，是以传记的形式写的学术史，不够系统。《汉书·艺文志》在刘向、刘歆父子《别录》《七略》的基础上，以目录书的形式记载了当时各个学术领域的著作。班固《艺文志序》体现了“辨章学术，考镜源流”的旨趣，《艺文志》具有学术史的雏形。以后，《隋书·经籍志》《通志·艺文略》《文献通考·经籍考》及《四库全书总目》，都是以目录书形式承担着学术文化史的任务。佛教学术史著作出现较早，如南北朝时僧佑就著有《出三藏记集》。儒家学术史著作中，最早的系统性著作是朱熹的《伊洛渊源录》。黄宗羲创立的学案体则是中国古代学术史发展至较为成熟阶段的标志。

表。表也是一种重要的体裁，它通常跟其他体裁相互配合，但也有个别单行的。《史记》中的“世表”“年表”“月表”，《汉书》中的《古今人表》《百官公卿表》，《新唐书》中的《宰相表》《方镇表》，等等，都是跟其他史书体裁结合起来，相辅而行。表的好处，一是减少繁文，用较少的篇幅记载较多的史事；二是条理清晰，“于棼如乱丝之中，忽得梳通栉理”[1]；三是总括遗漏，使难以载入正文的人和事也能得到适当的反映。因此，史表历来受到不少史家的重视。清人对史表多有贡献，除对旧史增补阙表外，还撰有专书。如万斯同的《历代史表》，六承如的《历代纪元编》，顾栋高的《春秋大事表》，乾隆年间官修的《历代职官表》等，都是用力甚勤的表体史著。

史评体。是专就史事、史书或史学进行论断的一种体裁。它可分为两类。一类是对史事的评论，如贾谊的《过秦论》，班彪的《王命论》，曹冏的《六代论》，

[1] 章学诚：《文史通义·与族孙守一论史表》，《章学诚遗书》，第91页。

朱敬则的《十代兴亡论》等。这是史事评论的单篇。宋代以后，关于史事评论的专书不断出现，范祖禹的《唐鉴》，孙甫的《唐史论断》，李焘的《六朝通鉴博议》等，都是这类著作。而明清之际王夫之的《读通鉴论》《宋论》，则是我国传统史学中史事评论方面的最高水平的史著，是评论史事专书的代表作。另一类是对史书和史学的评论。刘勰的《文心雕龙·史传》篇是我国较早的史学评论文章。刘知幾的《史通》，是我国第一部评论史书的专著。章学诚的《文史通义》则是这方面的另一部代表性作品。

史书各种体裁间的区别，是就其主要的方面来说的。事实上，史书的不同体裁之间往往是互相补充和综合的。某一史书从总的方面看属于某种体裁，但在具体的表述上，有时不免吸取其他体裁的形式。这是一个方面。另一个方面，这些体裁在其发展和完善中，的确具有自己的独立属性，具有不同于另一种史书体裁的特点。中国史书体裁的多样化，是儒家史学义例思想不断发展的重要表现之一。

史书体裁的运用与史书要表述的史义是联系在一起的。司马迁创立纪传体通史，是因为纪传体包容量大。司马迁处于西汉皇朝的鼎盛时期，“百年之间，天下遗文古事靡不集于太史公”。自觉的史学意识使他把反映中国大一统局面作为自己的神圣使命，“今汉兴，海内一统，明主贤君忠臣死义之士，余为太史而弗论载，废天下之史文，余甚惧焉，汝其念哉！”[1]于是，他“网罗天下放失旧闻，王迹所兴，原始察终，见盛观衰”[2]，以“成一家之言”。纪传体中的几种体裁在秦朝以前都出现过，这为司马迁创立这种综合体奠定了基础。纪传体通史的创立，是时代的要求。司马迁则是完成这一时代要求的史学家。在他看来，只有采取这种纪传体，才能充分反映他对历史的认识。再如朱熹改造《资治通鉴》，创立纲目体，是因为他感到《通鉴》在纲常名分方面还不够突出，对事情的叙述不够完整。《资治通鉴纲目》“表岁以首年，而因年以着统，大书以提要，而分注以备言”。[3]即是说，书年以明“正统”，大书就是“纲”，仿《春秋》，以寓褒贬之意；分注就是“目”，效《左传》，以叙史事。这就便于突

[1] 司马迁：《史记》卷130《太史公自序》，第3295页。

[2] 班固：《汉书》卷62《司马迁传》，第2723页。

[3] 朱熹：《资治通鉴纲目序例》，《朱子全书》（修订本）第8册，第21页。

出纲常伦理的旨意，故朱熹说："岁周于上而天道明矣，统正于下而人道定矣。大纲概举，而鉴戒昭矣；众目毕张，而几微著矣。是则凡为致知格物之学者，亦将慨然有感于斯。"[1]纲目体的创立，是理学的发展在史学领域的反映。其他史书体裁也都与史义相关，此不备举。

体例指史书的内部结构。它与体裁一样，也是说的史书的表述形式。它与体裁有着紧密的关系。如纪传体将本纪、列传、表、志配合起来，构成一个整体，就是一个体例问题。体例的内容相当广泛，除了前面说到的遣词造句，还有断限、标目和编次，记时、记地和记人的规则，载言、载文、征引、议论、注释的方式等。断限、标目和编次，是关于史书内部全面安排的体例。所谓断限，指史书记载史事的起讫年代。司马迁撰写《史记》，上自黄帝，下至武帝太初而讫。班固写《汉书》，"起元高祖，终于孝平王莽之诛"[2]，也交代了断限。司马光著《资治通鉴》，"上起战国，下

[1] 朱熹：《资治通鉴纲目序例》，《朱子全书》（修订本）第8册，第22页。
[2] 班固：《汉书》卷100下《叙传下》，第4235页。

终五代”[1]，同样明确了本书的断限。古代史家常用断限表明一定的正统观。如班固主张“汉绍尧运”，反对把西汉历史“编于百王之末，厕于秦项之间”，与他断汉为书是有关系的。袁宏写《后汉纪》，其最后一句话是“明年，刘备自立为天子”。通过他在《后汉纪》中所表述的思想，这句话无异于说：我不承认曹氏政权，我承认的还是刘家的天下。这样，通过断限，就表明了他的正统观、名教观。司马光之所以将《通鉴》的上限断自周威烈王二十三年，就在于周天子于此年初命韩、赵、魏三家为诸侯，自坏了君臣之礼，其后，战国大乱，“社稷无不泯绝，生民之类糜灭几尽”[2]。所以，《通鉴》的开篇就是司马光关于君臣名分的长篇大论。标目就是我们现在所说的题目。史书标目，根本的要求是准确，当然，简明、朴实无华也是必要的。编次，指史书在内容上的分类和顺序上的编排。史家的编次，也与史家的历史见识有关。如司马迁将《项羽本纪》置于《秦始皇本纪》和《高祖本纪》之间，是为了说明项羽在秦汉之际的历史作用。杜佑撰《通典》，

[1] 司马光:《资治通鉴·进书表》，第9607页。

[2] 司马光:《资治通鉴》卷一，第6页。

以《食货》为首，反映了作者认识到了经济在历史中的重要地位。史书的体例，应该说是属于技术性的问题，但在儒家史学中，史学家在这些技术性问题上赋予了自己的价值观以及历史见识。儒家史学的博大精深在这里也可以得到说明。

第三节　关于史书义例的评论

孔子作的《春秋》，是儒家史学的第一部书，中国史学关于史书义例的评论也是从对这部书开始的。最早阐发《春秋》之义的恐怕是孟子。他说："王者之迹熄而《诗》亡，《诗》亡然后《春秋》作。晋之《乘》，楚之《梼杌》，鲁之《春秋》，一也。其事则齐桓、晋文，其文则史。孔子曰：'其义则丘窃取之矣。'"[1] 指出孔子作《春秋》，贯穿于事、文之中的有一个"义"。《公羊传》也说："《春秋》为尊者讳，为亲者讳，为贤者讳。"[2]《穀梁传》则说："君子不以亲亲害尊尊，此《春秋》之

[1] 《孟子·离娄下》，杨伯峻译注《孟子译注》，第192页。

[2] 《公羊传》闵公元年，《十三经注疏》（下），第2244页。

义也。”[1]《春秋》开启了史学重义例的传统。此后，中国史学关于史书义例的评论也就逐渐多了起来。

杜预作《春秋经传集解》，归纳《左传》解释《春秋》的“例”五则：“一曰微而显”“二曰志而晦”“三曰婉而成章”“四曰尽而不汙”“五曰惩恶而劝善”。[2]杜氏的归纳，将《左传》在表述上的内部结构梳理得井井有条，对扩大《左传》在历史编纂学上的影响很有意义。晋以后，编写编年体史书大盛，如干宝、孙盛、孙粲等史家以《左传》为楷模编撰史书，并仿杜预之法，制“序例”，使之成为史书的一个组成部分。刘知幾对此进行了充分肯定，称赞为五百年“史例中兴”。在编年体史书的影响下，纪传体国史也对订立“体例”的事重视起来。如谢灵运等在宋文帝时奉敕撰《晋书》，“粗立条流”；范晔著《后汉书》，自立“纪、传例为举其大略耳，诸细意甚多”；北齐魏收作《魏书》，“其史三十五例”；而隋文帝时魏澹重作《魏书》，制订

[1]《穀梁传》文公二年，《十三经注疏》（下），第1405页。

[2] 杜预：《春秋经传集解序》，《十三经注疏》（下），第1706—1707页。按：此五例系从《左传》成公十四年“君子曰”而来：“故君子曰：《春秋》之称，微而显，志而晦，婉而成章，尽而不汙，惩恶而劝善，非圣人，谁能修之？”见《十三经注疏》（下），第1913页。

“义例”五条，“与魏收多所不同”。这样，编年体史书和纪传体史书都有了较快的发展。在此基础上，出现了评述这两种体裁的文字。如晋人干宝评论各家史书，推崇《左传》，说它“以三十卷之约，括囊二百四十年之事，靡有孑遗。斯盖立言之高标，著作之良模也”。[1]即称赞编年体的简约。刘勰在《文心雕龙·史传篇》评价纪传体史书，说：“纪传为式，编年缀事，文非泛论，按实而书，岁远则同异难密，事积则起讫易疏，斯固总会之为难也。或有同归一事，而数人分功，两记则失于复重，偏举则病于不周，此又诠配之未易也。”[2]也就是说，纪传体史书，叙事切实，不涉空论，而又因时代久远，事件繁多，异同疏失，难免出现同一事件，数人参与，两记则失之重复，偏举则病于不周的情况。史事分配，诚非易事。

刘知幾通过总结唐朝以前史书编纂的成就，在魏晋南北朝时期史家对于史书体裁、体例批评的基础上，写作《史通》，对中国史书的体裁体例作了系统的论

---

[1] 刘知幾：《史通·烦省》，浦起龙《史通通释》，第 244 页。

[2] 刘勰：《文心雕龙·史传》，周振甫注《文心雕龙注释》，人民文学出版社，2002 年版，第 171 页。

述。在《史通·六家》中，刘知幾比较全面地论述了史书体裁的发展演变，概括出《尚书》家、《春秋》家、《左传》家、《国语》家、《史记》家、《汉书》家等六家，梳理了六类史体的源流，并将"《汉书》家"（断代史纪传体）确立为最完备的体裁。在《史通·二体》中，他对编年体、纪传体的特点及优缺点作了论述。如评论编年体："夫《春秋》者，系日月而为次，列时岁以相续，中国外夷，同年共世，莫不备载其事，形于目前。理尽一言，语无重出。此其所以为长也。至于贤士贞女，高才儁德，事当冲要者，必盱衡而备言；迹在沈冥者，不枉道而详说。如绛县之老，杞梁之妻，或以酬晋卿而获记，或以对齐君而见录。其有贤如柳惠，仁若颜回，终不得彰其名氏，显其言行。故论其细也，则纤芥无遗；语其粗也，则丘山是弃。此其所以为短也。"[1]评论纪传体："《史记》者，纪以包举大端，传以委曲细事，表以谱列年爵，志以总括遗漏，逮于天文、地理、国典、朝章，显隐必该，洪纤靡失。此其所以为长也。若乃同为一事，分在数篇，断续相离，前后屡出，于《高纪》

[1] 刘知幾：《史通·二体》，浦起龙《史通通释》，第25页。

则云语在《项传》，于《项传》则云事具《高纪》。又编次同类，不求年月，后生而擢居首帙，先辈而抑归末章，遂使汉之贾谊将楚屈原同列，鲁之曹沫与燕荆轲并编。此其所以为短也。”[1]“班、荀二体，角力争先，欲废其一，固亦难矣。后来作者，不出二途。”[2]《史通》中的《载言》《本纪》《世家》《列传》《表例》《书志》《序例》《题目》《断限》《编次》《称谓》《序传》等篇，就是关于史书表现形式的理论，而以论述纪传体史书的结构、体例为主。需要指出的是，刘知幾对纪传体体例的总体规划有一个指导思想，即“激扬名教”。如他对于何人能入本纪，如何称谓，如何断限，都以儒家“礼制”为原则来制订标准，批评司马迁让项羽入本纪、为陈涉立世家。他认为那些未曾裂土封侯的诸侯先祖以及统一皇朝的诸侯王，已不具诸侯之实，不当列入世家，否则就是“使君臣相杂，升降失序”[3]。这说明，刘知幾评论史书体例、谈论“史法”的后面，有统一的史义贯穿其中。

---

[1] 刘知幾:《史通·二体》，浦起龙《史通通释》，第 25 页。

[2] 刘知幾:《史通·二体》，浦起龙《史通通释》，第 26 页。

[3] 刘知幾:《史通·世家》，浦起龙《史通通释》，第 38 页。

无论是编年体，还是纪传体，都有共同的不足，即不能“尽事之本末”，直到南宋时期，袁枢撰成《通鉴纪事本末》，这一缺陷才得以弥补。杨万里把编年体与纪事本末体作比较，指出：“予每读《通鉴》之书，见事之肇于斯，则惜其事之不竟于斯。盖事以年隔，年以事析，遭其初莫绎其终，揽其终莫志其初，如山之峨，如海之茫，盖编年系日，其体然也。今读子袁子此书，如生乎其时，亲见乎其事，使人喜，使人悲，使人鼓舞未既而继之以叹且泣也。”[1]章学诚对纪事本末体评价更高，说：“按本末之为体也，因事命篇，不为常格，非深知古今大体，天下经纶，不能网罗隐括，无遗无滥。文省于纪传，事豁于编年，决断去取，体圆用神，斯真《尚书》之遗也。”[2]

章学诚从“史意”的角度，对中国史书义例作了高度的概括和总结。他借用《周易》中的话：“蓍之德，圆而神；卦之德，方以智”来说明史书编撰的根本要求，并以此为根据，批评史书编写的程式化，探讨史

[1] 杨万里：《通鉴纪事本末序》，袁枢《通鉴纪事本末》卷首，中华书局，2015年版。

[2] 章学诚：《文史通义·书教下》，《章学诚遗书》，第4页。

学变革的方向。他说：

宪（按：叶瑛《文史通义校注》本为“历”）法久则必差，推步后而愈密，前人所以论司天也。而史学亦复类此。《尚书》变而为《春秋》，则因事命篇，不为常例者，得从比事属辞为稍密矣。《左》《国》变而为纪传，则年经事纬，不能旁通者，得从类别区分为益密矣。纪传行之千有余年，学者相承，殆如夏葛冬裘，渴饮饥食，无更易矣。然无别识心裁，可以传世行远之具，而斤斤如守科举之程式，不敢稍变；如治胥吏之簿书，繁不可删。以云方智，则冗复疎舛，难为典据；以云圆神，则芜滥浩瀚，不可诵识。盖族史但知求全于纪表志传之成规，而书为体例所拘，但欲方圆求备，不知纪传原本《春秋》，《春秋》原合《尚书》之初意也。《易》曰“穷则变，变则通，通则久。”纪传实为三代以后之良法，而演习既久，先王之大经大法，转为末世拘守之纪传所蒙，曷可不思所以变通之道欤？[1]

在章学诚看来，史学的发展是一个过程，《尚书》《春秋》及以后司马迁、班固的纪传史书，是一个发展的连结关系。后世史学走向衰败，一个重要原因是失去史学的创新精神，史书编纂成了一种程式，“唐后史学绝，而著作无专家。后人不知《春秋》之家学，而猥以集众官修之故事，乃与马、班、陈、范诸书，并列正史焉。于是史文等于科举之程式，胥吏之文移，而不可稍有变通矣”。[2] 史书的编纂，当取“方以智、圆而神”的精神，恢复《尚书》《春秋》之遗法。“《尚书》《春秋》，皆圣人之典也。《尚书》无定法，而《春秋》有成例。……史氏继《春秋》而有作，莫如马、班，马则近于圆而神，班则近于方以智也。”“盖迁书体圆用神，多得《尚书》之遗；班氏体方用智，多得官礼之意也。”[3] 章学诚还提出史书编纂的总原则。他说：“夫史为记事之书。事万变而不齐，史文屈曲而适如其事，

[1]　章学诚：《文史通义・书教下》，《章学诚遗书》，第 4 页。

[2]　章学诚：《文史通义・答客问上》，《章学诚遗书》，第 38 页。

[3]　章学诚：《文史通义・书教下》，《章学诚遗书》，第 4 页。

则必因事命篇，不为常例所拘，而后能起讫自如，无一言之或遗而或溢也。”[1] 袁枢的《通鉴纪事本末》符合这一编纂原则，故深得章氏赞许，被其称为“臭腐复化为神奇”之作。要之，章学诚从“史意”的角度，对史书义例的评论较之于前人更加确当，更能抓住问题的本质。中国史学关于史书义例的评论到章学诚时，可以说已经比较完善了。

[1] 章学诚:《文史通义・书教下》,《章学诚遗书》, 第 4 页。

第四章　名教风化论

第一节　“孔子成《春秋》而乱臣贼子惧”

《春秋》是孔子所作，这是中国史学史上第一部私人撰述的历史著作。作为中国现存最早的编年体史书，它的突出特点是“属辞比事而不乱”，即讲究遣词造句，从不同的用词以及何书、何不书、怎样书等书法中寄寓作者对历史的评价，寄寓作者的褒贬态度。《春秋》记事简单，242年的历史，总共才用了18,000多字，它很可能是孔子根据鲁国和周王室以及其他诸侯国史官的记载为学生编写的讲课提纲，以用历史对学生进行辨别是非、劝善戒恶的教育。他说：“我欲载之空言，不如见之于行事之深切著明也。”[1]也就是说，他认为用历史事实来表述自己对政治的看法，更有说服力，更有影响力。《论语》中也记载了一些他对历史人物的评价，如他对管仲的评价就有多处，既有批评，又有赞扬。有的人问，管仲节俭吗？管仲知礼吗？他的回答都是否定的，说：“管氏而知礼，孰不知礼？”[2]子路曰：“桓公杀公子纠，召忽死之，管仲不死。”曰：“未仁乎？”子曰：“桓公九合诸侯，不以兵车，管仲之力也。如其仁，如其仁。”[3]子贡曰：“管仲非仁者舆？桓公杀公子纠，不能死，又相之。”子曰：“管仲相桓公，霸诸侯，一匡天下，民到于今受其赐。微管仲，吾其被髪左衽矣。岂若匹夫匹妇之为谅也，自经于沟渎而莫之知也？”[4]从这些评价中，可以看出，孔子评价人物，善于抓住主要的方面，并不拘泥于一端。孔子尊敬周公，推崇周礼，《论语》载：“齐景公问政于孔子。孔子对曰：‘君君，臣臣，父父，子子。’公曰：‘善哉！

[1] 司马迁：《史记》卷130《太史公自序》，第3297页。

[2]《论语·八佾》，杨伯峻译注《论语译注》，第31页。

[3]《论语·宪问》，杨伯峻译注《论语译注》，第151页。

[4]《论语·宪问》，杨伯峻译注《论语译注》，第151—152页。

信如君不君，臣不臣，父不父，子不子，虽有粟，吾得而食诸？'" [1] 孔子修《春秋》，是为了现实，是为了维护周礼，对此，孟子讲得很清楚。他说：

> 世衰道微，邪说暴行有作，臣弑其君者有之，子弑其父者有之。孔子惧，作《春秋》。《春秋》，天子之事也；是故孔子曰："知我者其惟《春秋》乎！罪我者其惟《春秋》乎！"

他接着说："孔子成《春秋》而乱臣贼子惧。" [2]《左传》作者也给予《春秋》这样的评价："《春秋》之称，微而显，志而晦，婉而成章，尽而不汙，惩恶而劝善，非圣人，谁能修之？" [3] 这是说《春秋》言少意明，表述委婉而顺理成章，尽书其事而不迂回，具有惩恶劝善的作用。司马迁撰写《史记》，对《春秋》评价更高更详尽，对《春秋》赋予了更大的意义。在《太史公自序》中，他说："《春秋》辩是非，故长于治人"；"《春

[1] 《论语·颜渊》，杨伯峻译注《论语译注》，第 128 页。

[2] 《孟子·滕文公下》，杨伯峻译注《孟子译注》，第 155 页。

[3] 《左传》成公十四年"君子曰"，《十三经注疏》(下)，第 1913 页。

秋》以道义”;“拨乱世反之正，莫近于《春秋》。《春秋》文成数万,其指数千。万物之散聚皆在《春秋》”。在《孔子世家》中，他又阐述了《春秋》的书法及其意义：

> 子曰:“弗乎弗乎，君子病没世而名不称焉。吾道不行矣，吾何以自见于后世哉？”乃因史记作《春秋》，上至隐公，下讫哀公十四年，十二公。据鲁，亲周，故殷，运之三代。约其文辞而指博。故吴、楚之君自称王，而《春秋》贬之曰“子”；践土之会实召周天子，而《春秋》讳之曰“天王狩于河阳”：推此类以绳当世。贬损之义，后有王者举而开之。《春秋》之义行，则天下乱臣贼子惧焉。[1]

司马迁对《春秋》的论述和评价，是对孟子思想的发挥。由于《史记》对中国史学具有巨大的影响，所以，这些论述就进一步提高了《春秋》在史学上的地位。司马迁自称是继孔子的《春秋》而作《史记》，

[1] 司马迁:《史记》卷47《孔子世家》，第1943页。

此后，史学家开会馆，找祖师爷，就真的去找孔子啦。于是，《春秋》以及其中的“劝诫”思想成为历代历史撰述和史学评论的依据。

唐代开馆修史，唐高祖就下诏书说：“经典序言，史官纪事，考论得失，究尽变通，所以裁成义类，惩恶劝善，多识前古，贻鉴将来。”[1] 唐太宗在《修晋书诏》中也谈到史籍的功用：“大矣哉，盖史籍之为用也。”说历代史书，“莫不彰善瘅恶，激一代之清芬；褒吉惩凶，备百王之令典”。[2]

作为第一部史学评论专书，刘知幾反复强调史书的劝诫作用，说：“仲尼裁经，义在褒贬。”[3]“昔夫子修《春秋》，别是非，申黜陟，而贼臣逆子惧。”[4] 他认为“惩恶劝善，永肃将来，激浊扬清”[5] 是史学的一项重要职能。不仅如此，刘知幾还从理论上说明为什么史书有这样的作用。他说：“夫人寓形天地，其生也若

[1] 宋敏求编《唐大诏令集》卷 81《命萧瑀等修六代史诏》，中华书局，2008 年版，第 466 页。

[2] 宋敏求编《唐大诏令集》卷 81《修晋书诏》，第 467 页。

[3] 刘知幾：《史通 · 浮词》，浦起龙《史通通释》，第 147 页。

[4] 刘知幾：《史通 · 载文》，浦起龙《史通通释》，第 118 页。

[5] 刘知幾：《史通 · 品藻》，浦起龙《史通通释》，第 175 页。

蜉蝣之在世，如白驹之过隙，犹且耻当年而功不立，疾没世而名不闻。上起帝王，下穷匹庶，近则朝廷之士，远则山林之客，谅其于功也名也，莫不汲汲焉孜孜焉。夫如是者何哉？皆以图不朽之事也。何者而称不朽乎？盖书名竹帛而已。”[1]就是说，人不同于动物，人是爱名的，传名于后世，是每一个人的心愿，所以人们对史书上如何记载和评价特别重视。“向使世无竹帛，时阙史官，虽尧、舜之与桀、纣，伊、周之与莽、卓，夷、惠之与跖、蹻，商、冒之与曾、闵，但一从物化。坟土未干，则善恶不分，妍媸永灭者矣。”[2]吴缜把褒贬作为“史”之要义之一，说：“夫为史之要有三：一曰事实，二曰褒贬，三曰文采。”[3]

顾炎武在其《日知录》的《禁锢奸臣子孙》条说：把奸臣的名字刻在耻辱柱上，以戒后世，严禁他们的后代子孙入仕，以树之风声。这是用史书惩恶劝善的功能，来对恶人进行惩处。

---

[1] 刘知幾:《史通·史官建置》，浦起龙《史通通释》，第280页。

[2] 刘知幾:《史通·史官建置》，浦起龙《史通通释》，第280页。

[3] 吴缜:《新唐书纠谬序》,《丛书集成初编》第759册，中华书局，2011年版，第159页。

自孟子对孔子作《春秋》这样评价以后，后儒就不断阐发孔子《春秋》的微言大义，对《春秋》的书法、史书的作用也多有发挥。《春秋》是否具有微言大义是一回事，而对其宗旨的阐发则是另一回事，但无论后人对《春秋》的评价是否符合历史实际，这种评述毕竟在孔子《春秋》的名义下对儒家史学乃至整个中国史学产生了深远的影响。“孔子成《春秋》而乱臣贼子惧。”几千年来，中国史学不就是这样贯彻着“惩恶劝善”的宗旨吗？

第二节 春秋笔法对中国史学的影响

《春秋》是中国历史上第一部私人撰述的史学著作，又是儒家创始人孔子编纂的，所以，中国史学史上没有哪部著作能比得上它对中国史学的影响之大了。由于它记事简单，“文约而事博”，于是关于它的著述宗旨、它的书法一直是聚讼纷纭的问题。就在关于这个问题的不断争论中，所谓的“春秋笔法”对中国史学产生了巨大影响，人们对“春秋笔法”的认识或许不尽一致乃至分歧很大，但“春秋笔法”对历代史学的影响则是实实在在的。

《春秋》记事极其简单，这是不争的事实。记载一事，最多者，四十余字，最少者只有一个字，如果没有传，简直是不知所云。不仅我们现代的人这样认为，就是距孔子不远的战国时代的人以及汉代的人也这么说。如司马迁在《史记十二诸侯年表》中说："鲁君子左丘明惧弟子人人异端，各安其意，失其真，故因孔子史记具论其语，成《左氏春秋》。"[1] 这是说，孔子死后，弟子各奔东西，鲁君子左丘明惧怕以后弟子人言言殊，于是就作了《左传》。桓谭《新论》说："《左氏传》于经，犹衣之表里，相持而成。经而无传，使圣人闭门思之，十年不能知也。"[2] 传《春秋》者，除《左传》外，还有《公羊传》《穀梁传》。三传作者都认为《春秋》包含深义。《左传》的作者说《春秋》"志而晦"；《公羊传》评论说："《春秋》为尊者讳，为亲者讳，为贤者讳。"[3] 根据这一原则，《公羊传》解释《春秋》庄公四年"纪

[1] 司马迁：《史记》卷14《十二诸侯年表》，第509—510页。

[2] 桓谭：《新论·正经》，桓谭撰，朱谦之校辑《新辑本桓谭新论》，中华书局，2009年版，第39页。

[3] 《公羊传》闵公元年，《十三经注疏》（下），第2244页。

侯大去其国”，说：“大去者何？灭也。孰灭之？齐灭之。曷为不言齐灭之？为襄公讳也。《春秋》为贤者讳。”[1]《穀梁传》则认为：“《春秋》成人之美，不成人之恶”，“贵义不贵惠，信道不信邪”。[2]于是，它在解释《春秋》时就贯穿这样的原则。三传对《春秋》的解释有许多不同，《春秋》之义、《春秋》的笔法也由此开始了争议。孔子的思想中，有名分观念，《论语》中说到的“正名”的意义，“君君，臣臣，父父，子子”在为政中的重要性以及宣扬“子为父隐，直在其中”等等，都说明这一点。可见，《公羊传》《穀梁传》着重阐发《春秋》中的“微言大义”也并不是空穴来风，而是有缘由的。然《春秋》记事的过于简略，也为随意发挥提供了空间，以致孔子并没有的思想也被发挥出来。《春秋》以及三传是先秦史学的主干，《左传》在历史编纂学、历史文学、历史资料等方面富有成就，而《公羊传》《穀梁传》在发挥《春秋》的义理上有所贡献，它们在中国史学上都有自己的价值，张尔田说：“《公》《穀》守经，《左氏》通史。经以明义为主，史以纪事为先。论大义

[1] 《公羊传》庄公四年，《十三经注疏》(下)，第 2226 页。

[2] 《穀梁传》隐公元年，《十三经注疏》(下)，第 2365 页。

之传,《左氏》不及《公》《穀》；论本事之真,《公》《穀》亦不及《左氏》。”[1] 这个评价，大概比较公允。

那么，到底有没有春秋笔法？回答是肯定的。在这个问题上虽然有不同的认识，但有一些基本看法则是一致的：一、《春秋》寄托着孔子的政治观、历史观，即孔子的“义”。二、《春秋》的义没有脱离“事”，是用“事”来表现的。三、《春秋》在编纂上，有其用字的凡例,有讳书的做法,即所谓的“属辞比事”。四、《春秋》重褒贬和劝诫。这四个方面有着紧密的联系，只有把它们有机地结合起来，才能准确地理解“春秋笔法”。之所以在春秋笔法上产生分歧，主要是有的强调一个方面，而排斥其他的方面。各执一端，看似很有根据，实际并不全面。

在中国史学史上，史学家撰著史书，阐述史学的功用，进行史学批评，都把《春秋》搬出来，作为根据。《春秋》之所以在中国史学史上的地位历久不衰，与其说它有极高的史学价值，不如说它具有高不可攀的象征意义。它虽然是一部史书，却被定为经书，它是具

[1] 张尔田:《史微》，上海书店出版社，2006 年版，第 117 页。

有特殊地位的史书。中国史学重劝诫，于是孟子的话“孔子成《春秋》而乱臣贼子惧”便被经常引用；史学家强调正统，孔子重名分的言论就特别受人瞩目。刘知幾、章学诚都说著史贵在“独断”，贵在“别识心裁”，于是他们都举出孔子的“丘窃取之”的“义”。孔子对名分的强调，最终发展为名教，即董仲舒所言：“天子受命于天，诸侯受命于天子，子受命于父，臣妾受命于君，妻受命于夫，诸所受命者，其尊皆天也，虽谓受命于天亦可。”[1]“故《春秋》受命所先制者，改正朔、易服色，所以应天也。”[2]名教成为中国史学的根本指导思想。班固撰《汉书》，“综其行事，旁贯《五经》，上下洽通”[3]。他批评《史记》“是非颇缪于圣人，论大道则先黄老而后六经，序游侠则退处士而进奸雄，述货殖则崇势力而羞贱贫，此其所蔽也”。[4]刘知幾在论曲笔时，却对维护名教的曲笔予以谅解，说：“史氏有

[1] 董仲舒：《春秋繁露·顺命》，苏舆撰，钟哲点校《春秋繁露义证》，中华书局，2015年版，第406页。

[2] 班固：《汉书》卷56《董仲舒传》，第2510页。

[3] 班固：《汉书》卷100下《叙传下》，第4235页。

[4] 班固：《汉书》卷62《司马迁传》，第2737—2738页。

事涉君亲，必言多隐讳，虽直道不足，而名教存焉。”[1]荀悦论史之用：“夫立典有五志焉：一曰达道义，二曰彰法式，三曰通古今，四曰著功勋，五曰表贤能。于是天人之际，事物之宜，粲然显著，罔不备矣。”[2]刘知幾在荀悦、干宝论史的基础上，又增加三科即“一曰叙沿革，二曰明罪恶，三曰旌怪异。何者？礼仪用舍，节文升降则书之；君臣邪僻，国家丧乱则书之；幽明感应，祸福萌兆则书之”。[3]这说明，中国史家论史学之直书、史学之劝诫、史学之经世，都没有超出春秋笔法的史学观念。

司马迁写《史记》，在《自序》中阐发《春秋》的意旨，表示要继《春秋》而作。他要“究天人之际，通古今之变”，可是在《史记》中我们很少看到司马迁谈春秋笔法，他有自己的评价历史的标准和方法，即使如此，司马迁在编纂上也受到《春秋》的影响，如他对人物的评价往往是通过含蓄的方式表达出来，这与《春秋》写史“志而晦”是相通的。顾炎武就揭示了这一特

[1] 刘知幾:《史通·曲笔》，浦起龙《史通通释》，第182—183页。

[2] 荀悦:《汉纪》卷1《高祖皇帝纪》，《两汉纪》上册，第1页。

[3] 刘知幾:《史通·书事》，浦起龙《史通通释》，第213页。

征，他说："古人作史，有不待论断，而于序事之中即见其指者，惟太史公能之。《平准书》末载卜式语，《王翦传》末载客语，《荆轲传》末载鲁句践语，《晁错传》末载邓公与景帝语，《武安侯田蚡传》末载武帝语，皆史家于序事中寓论断法也。后人知此法者鲜矣，惟班孟坚间一有之。如《霍光传》载任宣与霍禹语，见光多作威福；《黄霸传》载张敞奏，见祥瑞多不以实，通传皆褒，独此寓贬，可谓得太史公之法者矣。"[1]司马迁的史论，意味深长，富有艺术性，耐人寻味，可以说是真正领会了孔子史学思想的精华，其言"继《春秋》，本《诗》《书》《礼》《乐》之际"，诚不虚言！

宋初，《春秋》学复兴，春秋学所言之正统论、尊王说等无不影响到史学领域。撰著史书，往往要考虑是否合乎春秋笔法。欧阳修主修的《新唐书》、私撰的《新五代史》，朱熹编的《资治通鉴纲目》，都注意以春秋笔法来进行编纂。如欧阳修认为《春秋》简而有法，别是非，明善恶，说："述其文则曰：'简而有法'。此一句在孔子六经，惟《春秋》可当之，其他经非孔子

---

[1] 顾炎武：《日知录》卷26《史记于序事中寓论断》，《顾炎武全集》第19册，第979页。

自作文章，故虽有法而不简也。”[1]“正名以定分，求情而责实，别是非，明善恶，此《春秋》之所以作也。”[2]欧阳修并不赞同《春秋》字字寓褒贬的说法，说：“今说《春秋》者，皆以名字、氏族、与夺为轻重，故曰‘一字为褒贬’。且‘公’之为字，岂不重于名字、氏族乎？孔子于名字、氏族不妄以加人，其肯以‘公’妄加于人而没其善乎？”[3]这是就鲁隐公立位的书法所作的评论，意在说明《春秋》并非字字褒贬。他的学生徐无党注《新五代史》，谈欧阳修的书法，何事当书，何事不当书，如何褒贬等，欧阳修并不赞成，这从他给徐无党的信中可以看出。但欧阳修在贯彻《春秋》书法中并不能摆脱自相矛盾。如在《梁太祖本纪》中，他说：

> 圣人之于《春秋》，用意深，故能劝戒切，为言信，然后善恶明。夫欲著其罪于后世，在乎不没其实。其实尝为君矣，书其为君。其实篡也，

[1] 欧阳修：《论尹师鲁墓志》，《宋本欧阳文忠公集》第13册，国家图书馆出版社，2019年版，第143页。

[2] 欧阳修：《春秋论中》，《宋本欧阳文忠公集》第4册，第80页。

[3] 欧阳修：《春秋论中》，《宋本欧阳文忠公集》第4册，第83页。

> 书其篡。各传其实，而使后世信之……《春秋》于大恶之君不诛绝之者，不害其褒善贬恶之旨也，惟不没其实以著其罪，而信乎后世，与其为君而不得掩其恶，以息人之为恶。能知《春秋》之此意，然后知予不伪梁之旨也。[1]

这是解释他所以为朱温立本纪的原因，他认为这是符合《春秋》之意的，这里他突出了“欲著其罪于后世，在乎不没其实”。但欧阳修却不为朱温的儿子朱友珪立本纪，而是将他放在《梁家人传》中，两人都是以臣弑君，都做了皇帝，在史书中却有不同的待遇，于是有人质问他，这样做“岂《春秋》之旨哉？”欧阳修解释说：“梁事著矣！其父之恶，不待与夺其子而后彰，然末帝之志，不可以不伸也。《春秋》之法，君弑而贼不讨者，国之臣子任其责。予于友珪之事，所以伸讨贼者之志也。”[2] 欧阳修的解释是不能令人心服的，他也自感不够自信，不得不说：“呜呼，《春秋》之法，

[1] 欧阳修：《新五代史》卷2《梁太祖本纪》下，中华书局，1974年版，第21—22页。

[2] 欧阳修：《新五代史》卷13《梁家人传》，第139页。

是非与夺之际，难矣哉！”[1]

朱熹也是这样，他也不同意《春秋》字字褒贬说，他在史学评论上有很多精彩的见解。他在谈到《春秋》的例的时候说：

> 《春秋》大旨，其可见者，诛乱臣，讨贼子，内中国，外夷狄，贵王贱伯而已。未必如先儒所言，字字有义也。想孔子当时只是要备二三百年之事，故取史文写在这里，何尝云某事用某法，某事用某例邪？[2]
>
> 《春秋》只是直载当时之事，要见当时治乱兴衰，非是于一字上定褒贬。[3]
>
> 若欲推求一字之间，以为圣人褒善贬恶专在于是，窃恐不是圣人之意。[4]

---

[1] 欧阳修：《新五代史》卷13《梁家人传》，第138页。

[2] 朱熹：《朱子语类》卷83《春秋·纲领》，《朱子全书》（修订本）第17册，第2831—2832页。

[3] 朱熹：《朱子语类》卷83《春秋·纲领》，《朱子全书》（修订本）第17册，第2832页。

[4] 朱熹：《朱子语类》卷83《春秋·纲领》，《朱子全书》（修订本）第17册，第2833页。

春秋传例多不可信。圣人记事，安有许多义例？[1]

不同意字字褒贬，并不是说朱熹认为《春秋》没有褒贬义例、没有遣辞造句之法。他有时在这方面还求之很深。如他说："夫《春秋》之法，君弑，贼不讨，则不书葬者，正以复仇之大义为重，而掩葬之常礼为轻，以示万世臣子，遭此非常之变，则必能讨贼复仇，然后为有以葬其君亲者。"[2]他对司马光编纂的《资治通鉴》不能明正统极为不满，于是，就用春秋笔法改造《通鉴》，成《资治通鉴纲目》。他为《纲目》制定了烦琐的《凡例》，褒贬去取，一准《春秋》。他说："岁周于上而天道明矣，统正于下而人道定矣。大纲概举，而鉴戒昭矣；众目毕张，而几微著矣。是则凡为致知格物之学者，亦将慨然有感于斯。"[3]"义例益精密，上

[1] 朱熹:《朱子语类》卷83《春秋·纲领》,《朱子全书》(修订本)第17册，第2835页。

[2] 朱熹:《朱文公文集》卷25《答张敬夫》,《朱子全书》(修订本)第21册，第1107—1108页。

[3] 朱熹:《资治通鉴纲目序例》,《朱子全书》(修订本)第8册，第22页。

下千有余年，乱臣贼子真无所匿其形矣。”[1]

他的《资治通鉴纲目》，形式上仿效孔子《春秋》为纲，左氏等三传为目，而实质上是以孔子作《春秋》之笔法，来品评史事，以达到“存天理，灭人欲”之目的。尹起莘对《通鉴纲目》的书法评论道：“切谓《纲目》之作，其有补于世教，殆亦有得于《春秋》之旨，皆所以遏人欲于横流，存天理于既泯，是乌可不讲究而发扬之哉！”[2]元代学者揭傒斯也说：“孔子因鲁史作《春秋》，以为万世之法；朱子因司马氏《通鉴》作纲目，以正百王之统。此天地之经，君臣之义，而圣贤之心也。”[3]

春秋笔法的实质是宣扬道德教化，这与儒家的政治思想是一致的。儒家主张“礼”，提倡“仁”，在政治方面，推行礼治，强调“人心风俗”在社会治乱兴衰中的决定性作用。儒家史学的褒贬、劝诫，都是从

[1] 朱熹：《朱文公文集》卷35《答刘子澄》，《朱子全书》（修订本）第21册，第1538页。

[2] 尹起莘：《资治通鉴纲目发明序》，《御批资治通鉴纲目》卷首下，文渊阁《四库全书》第689册，第31页。

[3] 揭傒斯：《资治通鉴纲目书法序》，《御批资治通鉴纲目》卷首下，文渊阁《四库全书》第689册，第33页。

这个方面对社会产生影响，以实现它的社会价值。从刘知幾提出史学的目的是“激扬名教”到章学诚强调的“史义”，都是春秋笔法在史学理论上的反映。春秋笔法不仅仅是个褒贬义例问题，更主要的是它反映了儒家史学重“义”的特征。

第三节 倡导名教与有益风化

名教对中国史学的影响可谓大矣，我们在上面已经作了论述。儒家史学重褒贬，强调史学的劝诫意义，但这只是问题的一个方面；另一方面，儒家史学也重事实，强调通变，在求真求实等方面有很高的要求，并形成了自己特有的方法论体系。这两个方面是相互联系的，是矛盾统一体的两个方面。只看到一个方面，而忽视另一个方面，就不能真正认识儒家史学，就可能出现认识上的偏差，或把儒家史学看得完美无缺，或是看得一片黑暗、毫无可取之处。对于史学重名教这一特点，也要历史地看，看看它产生的历史条件、提倡名教的动机、名教在中国历史上正反两方面的作用等等。

名教是从孔子的重名分发展而来的。孔子讲的“君君、臣臣、父父、子子”以及在政治生活中强调“正名”即名正言顺，是在春秋末期礼乐崩坏的情况下说的，目的是从积极的方面，维护最基本的社会秩序。如果君不像君、臣不像臣、父不像父、子不像子，也就是说都不尽自己应尽的职责，这个社会就乱了，社会怎么发展进步呢？孔子处理社会关系，对待社会矛盾，总是希望用温和的、化解的方式来解决，以不伤彼此的和气。如他关于“直”的谈话，就很令人玩味：“叶公语孔子曰：‘吾党有直躬者，其父攘羊，而子证之。’孔子曰：‘吾党之直者异于是：父为子隐，子为父隐——直在其中矣。’”[1]这个对话，绝不能说孔子包庇盗窃，而是说明孔子认为维护父子伦理关系是更加重要的。刘知幾在论述直笔的时候，对此深有体察，他说：“肇有人伦，是称家国。父父子子，君君臣臣，亲疏既辨，等差有别。盖‘子为父隐，直在其中’，《论语》之顺也；略外别内，掩恶扬善，《春秋》之义也。”[2]也就是说，伦理道德，对于一个国家和社会是太重要

[1] 《论语·子路》，杨伯峻译注《论语译注》，第139页。

[2] 刘知幾：《史通·曲笔》，浦起龙《史通通释》，第182页。

了，史学要担负维护社会伦理的义务。孔子也并不是一味地无原则地迁就坏人坏事，对于破坏礼法的人，他也是毫不留情的，《春秋》中不仅有褒奖，而且还有贬斥。惩恶劝善，目的就是使人们严格遵守礼法，即遵从周礼。

随着封建大一统的建立和巩固，孔子的名分思想逐步演变为“名教”，这与公羊家对《春秋》的解释是分不开的，董仲舒更是把君臣父子夫妇关系借用天的权威教条化，通过封建皇权法典化，使名教成为维护封建皇权的工具。加之此后封建政权的社会意识对它的宣扬，名教成为维护封建社会秩序影响最广泛的观念形态。名教所涉及的问题是人类社会最基本的关系，即人与人之间的关系，这种关系是从家庭延伸到国家，它遵循儒家的逻辑：“齐家、治国、平天下”。国家就像一个大家庭，皇帝是这个大家庭的家长。在一个小家庭里，有父子，在大家庭里则有君臣，君臣关系就像父子关系。所以儒家提倡孝、提倡忠，子对父要孝，臣对君要忠。忠是孝的扩展和延伸。从根本上说，孝是最基本的，对父母不孝，为臣就不可能对君尽忠。王夫之说：“君臣、父子，人之大伦也。世衰道丧之日，有无君臣而犹有父子者，未有无父子而得有君臣者也。”[1] 由于名教对维护封建统治具有这样重要的作用，故每当封建国家面临危机的时候，名教就被大加宣传，名教成了打击“叛臣逆子”的最有力的武器。名教之所以有久远的生命力，并不仅仅是由于封建政权的倡导和维护，而且因为它自身具有合乎人类社会发展规律的合理性。如子孝，即晚辈孝敬长辈，这在任何时候都是应该提倡的。君臣之间也要有一定的礼仪。汉初，刘邦当上皇帝，群臣在朝堂高声喧哗，毫无节制和礼法，恐怕也是行不通的，故有叔孙通定朝仪。名教有维护封建秩序的一面，同时也有维持社会秩序的一面，当社会需要安定、封建国家处于蒸蒸日上的时代，提倡名教，不是适应社会的要求吗？维护封建统治与促进社会发展，具有统一的一面。所以，对于名教观念，要辩证地看、历史地看。

儒家史学大都是从拯救国家、促进社会发展的意义上提倡名教的，认为名教有益于褒贬劝善，有益于改善世风。如袁宏著《后汉纪》，力倡“名教”，说“夫

---

[1] 王夫之:《读通鉴论》卷 28《五代上二十》，第 2372 页。

君臣父子，名教之本也。然则名教之作，何为者也？盖准天地之性，求之自然之理，拟议以制其名，因循以弘其教，辩物成器，以通天下之务者也。”[1] 袁宏著史的基本目的之一是“笃名教”。在《后汉纪》中，他开宗明义地说，撰著史书就在于“通古今而笃名教”。[2] 他用名教的标准，来评价此前史书之优劣。他说：“丘明之作，广大悉备。史迁剖断六家，建立十书，非徒记事而已。信足扶明义教，网罗治体；然未尽之。班固源流周赡，近乎通人之作；然因籍史迁，无所甄明。荀悦才智经纶，足为嘉史，所述当世，大得治功已矣；然名教之本，帝王高义，韫而未叙。”[3] 他认为只有遵循了名教，国家才会安定而不乱，“名教大定而不乱”[4]。刘知幾说国家丧乱时，才能检验忠臣的气节，史的作用就在于“记功司过，彰善瘅恶，得失一朝，荣辱千载”“激扬名教”。如果做不到这一点，怎么能说是尽

[1] 袁宏：《后汉纪》卷 26《孝献皇帝纪》，《两汉纪》下册，第 509 页。

[2] 袁宏：《后汉纪·序》，《两汉纪》下册，第 1 页。

[3] 袁宏：《后汉纪·序》，《两汉纪》下册，第 1 页。

[4] 袁宏：《后汉纪》卷 26，《两汉纪》下册，第 509 页。

到了责任？“苟违斯法，岂曰能官。”[1] 司马光倡导教化，认为教化是国家之急务，风俗是天下之大事。他说：“教化安可慢，风俗安可忽哉！”[2] 如何进行教化？他的回答是提倡名教、遵守名教。关于名教的作用，司马光开篇即云：“天子之职莫大于礼，礼莫大于分，分莫大于名。何谓礼？纪纲是也。何谓分？君、臣是也。何谓名？公、侯、卿、大夫是也。”[3]

明末清初的顾炎武，亲身经历了明朝的灭亡，他通过对历史经验教训的总结，认识到“人心风俗”对社会治乱兴衰的影响，认为要重视“清议”和“名教”。他说：“天下风俗最坏之地，清议尚存，犹足以维持一二。至于清议亡而干戈至矣。”[4]“设乡校，存清议于州里，以佐刑罚之穷。”[5] 而“名教”的作用虽然“不能使天下之人以义为利，而犹使之以名为利，虽非纯王之风，亦可以救积洿之俗矣”。[6]“故名胜于利，则小

[1] 刘知幾：《史通·曲笔》，浦起龙《史通通释》，第 185 页。

[2] 司马光：《资治通鉴》，第 2174 页。

[3] 司马光：《资治通鉴》，第 2 页。

[4] 顾炎武：《日知录》卷 13《清议》，《顾炎武全集》第 18 册，第 532 页。

[5] 顾炎武：《日知录》卷 13《清议》，《顾炎武全集》第 18 册，第 531 页。

[6] 顾炎武：《日知录》卷 13《名教》，《顾炎武全集》第 18 册，第 533 页。

人之道消；利胜于名，则贪暴之风扇。”如果不崇名教，使得社会风气不正，那么，“为人君者谓尧、舜不足法，桀、纣不足畏；为人臣者谓八元不足尚、四凶不足耻。天下岂复有善人乎？人不爱名，则圣人之权去矣”。[1] 他还特别强调了“礼义廉耻”的作用，认为它们是“国之四维。四维不张，国乃灭亡”。“礼义，治人之大法；廉耻，立人之大节。盖不廉则无所不取，不耻则无所不为。人而如此，则祸败乱亡，亦无所不至。况为大臣，而无所不取，无所不为，则天下其有不乱，国家其有不亡者乎！”[2] 他一再引用孔子的话“行己有耻”，说它是儒家思想的精髓。

杜维运在比较中西方史学的不同特点时，对儒家史学作了高度的评价。他说：“《春秋》书法，使中国的褒贬史学应运而出……被认为有乖直笔而受尽訾议的‘为尊者讳，为亲者讳，为贤者讳’，站在以维持人类文明为任务的褒贬史学立场来看，是未可厚非的。《春秋》为贤者讳，齐桓晋文，皆录其功，以其功足以使人慕；一定搜出齐桓晋文的过失而痛斥之，以讦为

[1] 顾炎武:《日知录》卷 13《名教》,《顾炎武全集》第 18 册，第 535 页。

[2] 顾炎武:《日知录》卷 13《廉耻》,《顾炎武全集》第 18 册，第 536 页。

直，则将率天下而无可师法称颂之人，世风之靡，又岂堪想象？以讦为直，不为尊者亲者讳，则人心又怎能问？所以《春秋》书法褒贬之学，使中国的史学，到达一最高境界，人类文明，赖以维持。孔子以后的中国史学家，大致皆尊奉孔子之教不渝。这是西方古代史学所未曾到达的一个境界。到达此境界，历史才有真价值。”[1]

自然，名教思想的负面作用也是很大的。它是封建等级制度的产物，它要求子绝对地服从父，臣绝对地服从君，妇绝对地服从夫，它禁锢了人的自由和平等的权利，特别是宋儒，使它走向极致，鼓吹“饿死事小,失节事大”。他们把这种伦理关系说成是“天理”，要“存天理，灭人欲”。于是，名教成为维护腐朽统治的工具，它的反动性越是到封建社会后期，就越是明显。名教观的糟粕对中国史学也产生了不良的影响，如在直笔问题上，即使最具批判精神的史学家，也不敢逾越名教的藩篱。这一点也是无可讳言的。

---

[1] 杜维运:《中西古代史学比较》,（台湾）东大图书公司，1988 年版，第 126—127 页。

第五章　信史求是论

第一节　撰写信史——儒家的史学理念

儒家讲究“信”，这是人所共知的。在《论语》中，讲“信”者随处可见。如“子曰：‘人而无信，不知其可也。’”[1]“曾子曰：‘吾日三省吾身——为人谋而不忠乎？与朋友交而不信乎？传不习乎？’”[2]“子夏曰：‘与朋友交，言而有信。’”[3]要之，儒家把“信”作为一个人立身处世的根本。这里的“信”，主要指的是信义。同样，在撰写历史上，儒家把写信史作为根本的要求。

---

[1]《论语·为政》，杨伯峻译注《论语译注》，第21页。

[2]《论语·学而》，杨伯峻译注《论语译注》，第3页。

[3]《论语·学而》，杨伯峻译注《论语译注》，第5页。

所谓信史，就是写的历史，要符合客观的历史实际。即历史是什么，就写成什么，不能凭空杜撰，更不能根据自己的主观好恶，篡改历史。由于历史是一种过去了的客观存在，因此，要真正做到写的历史完全与历史实际相符，是很难的。这是由历史的特点决定的。这并不是说撰写信史是不可能的。写的历史虽然不可能完全与历史实际相符，但总可以尽可能地接近。这里面就有一个治史的态度问题。从儒家的治史态度上，我们可以看出，撰写信史，是儒家的史学理念。

信史，一般来说包含两个方面。一方面是求历史事实之真，一方面是对历史事实的解释之真，即史义之真。孔子主张历史记载要真实，反对道听途说。他说："道听而途说，德之弃也。"[1]《尚书·尧典》开篇即云："曰若稽古。""稽古"就是稽考故实的意思。荀子在这方面也有许多很好的言论，如他说："无稽之言，不见之行，不闻之谋，君子慎之。"[2]"不闻不若闻之，闻之

[1] 《论语·阳货》，杨伯峻译注《论语译注》，第 186 页。

[2] 《荀子·正名》，王先谦撰，沈啸寰等点校《荀子集解》，中华书局，2016 年版，第 511 页。

不若见之，见之不若知之，知之不若行之。”[1]“凡论者，贵其有辨合，有符验。”[2]这都是说，记载史事要谨慎，每一记载，必有根据，不能记载缺乏根据、未经过考证的事情。这些论述，都是为了求历史事实之真。怎样做到这一点？《中庸》说：“博学之，审问之，慎思之，明辨之，笃行之。有弗学，学之弗能弗措也；有弗问，问之弗知弗措也；有弗思，思之弗得弗措也；有弗辨，辨之弗明弗措也；有弗行，行之弗笃弗措也。人一能之，己百之；人十能之，己千之。果能此道矣，虽愚必明，虽柔必强。”[3]也就是要博学、审问、慎思、明辨、笃行，在这些方面，做不到不要紧，重要的是要努力去做。这反映了儒家为追求真实，不惧辛苦、坚韧不拔的精神。

信史还包含对历史事实的价值评判。儒家史学在进行史学评论时，坚持以儒家的礼作为评论的标准，同时又紧密地结合史实之真伪。如孔子称赞晋大夫董狐说：“董狐，古之良史也，书法不隐。”这是因为董

[1]《荀子·儒效》，王先谦撰，沈啸寰点校《荀子集解》，第168页。

[2]《荀子·性恶》，王先谦撰，沈啸寰点校《荀子集解》，第521页。

[3]《礼记·中庸》，《十三经注疏》（下），第1632页。

狐敢于书写“赵盾弑其君”。这件事记载于《左传》宣公二年，原文是：“赵穿攻灵公于桃园，宣子未出山而复。大史书曰‘赵盾弑其君’，以示于朝。宣子曰：‘不然。’对曰：‘子为正卿，亡不越竟，反不讨贼，非子而谁？’宣子曰：‘呜呼！我之怀矣，自诒伊戚。其我之谓矣。’孔子曰：‘董狐，古之良史也，书法不隐。赵宣子，古之良大夫也，为法受恶。惜也，越竟乃免。’”[1]孔子对董狐“书法不隐”的称赞被后代史家反复引用，但从这段话中，我们可以看出，并非赵盾杀了国君，是赵穿杀的，赵盾作为正卿，没有尽到为臣的职责，所以董狐写“赵盾弑其君”。董狐这样书写，本来不符合事实，却得到了孔子的称赞。孔子如此评价是因为董狐勇敢地维护了礼法。这里对董狐“书法不隐”的称赞，主要是从史义的角度作出的。

在古代，像董狐这样书写历史有时是有生命危险的。《左传》中还记载了齐太史、南史氏的事迹：“大史书曰：‘崔杼弑其君。’崔子杀之。其弟嗣书，而死者二人。其弟又书，乃舍之。南史氏闻大史尽死，执

[1]《左传》宣公二年，《十三经注疏》（下），第1867页。

简以往。闻既书矣，乃还。”[1]齐太史、南史氏不怕牺牲生命，忠于史职、撰写信史的精神，成为儒家史学的楷模，是史家提倡的一种精神境界。刘勰在《文心雕龙·史传》篇说：“辞宗邱明，直归南、董。”就是说，史家文辞要以左丘明为宗，直书要以南史氏、董狐为榜样。北周史家柳虬在一篇上疏中写到：“南史抗节，表崔杼之罪；董狐书法，明赵盾之愆。是知直笔于朝，其来久矣。”[2]唐代史家吴兢撰写实录，秉笔直书，无所阿容，为人所称赞：“昔董狐古之良史，即今是焉。”[3]这说明，孔子确定的撰写信史之理念，为后世史家所接受，并成为评价史家、史著的一条重要标准。唐代刘知幾撰写《史通》，内有“直书”“曲笔”专篇，褒奖直书，鞭笞曲笔，爱憎分明。他说史家要“犹须好是正直，善恶必书，使骄主贼臣，所以知惧，此则如虎傅翼，善无可加，所向无敌者矣。”[4]明确地把撰写信

[1] 《左传》襄公二十五年，《十三经注疏》（下），第1984页。

[2] 令狐德棻等撰：《周书》卷38《柳虬传》，中华书局，1971年版，第681页。

[3] 王溥编《唐会要》卷64《史馆杂录下》，上海古籍出版社，2006年版，第1306页。

[4] 刘昫：《旧唐书》卷102《刘子玄传》，中华书局，1975年版，第3173页。

史作为史家修养的重要内容提了出来。到清代，章学诚在此基础上又提出“史德”，把撰写信史与史学家的个人品德、“心术”联系起来，从而使儒家撰写信史的史学理念达到一个新的高度。

怎样撰写信史？宋代史家吴缜作《新唐书纠谬》，把史事之真和史义之真结合起来，对说明如何撰写信史是极有意义的。他说:“夫为史之要有三：一曰事实，二曰褒贬，三曰文采。有是事而如是书，斯谓事实。因事实而寓惩劝，斯谓褒贬。事实、褒贬既得矣，必资文采以行之，夫然后成史。至于事得其实矣，而褒贬、文采则阙焉，虽未能成书，犹不失为史之意。若乃事实未明，而徒以褒贬、文采为事，则是既不成书，而又失为史之意矣。”[1]“必也编次事实，详略取舍，褒贬文采，莫不适当，稽诸前人而不谬，传之后世而无疑，粲然如日星之明，符节之合，使后学观之，而莫敢轻议，然后可以号信史。”[2]这是说，撰史有三个关键环节或三个重要方面，即事实、褒贬和文采。“事实”指历史是什么就写成什么，不夸大不缩小；“褒贬”是通过事

[1] 吴缜:《新唐书纠谬 · 序》,《丛书集成初编》第 759 册，第 159 页。
[2] 吴缜:《新唐书纠谬 · 序》,《丛书集成初编》第 759 册，第 157 页。

实而表达出惩恶劝善之意，“褒贬”和“事实”是统一的，要在尊重事实的前提下进行褒贬，事实不明而徒以褒贬，就不合“为史之意”。“事实”和“褒贬”最终都要通过“文采”反映出来，只有“事实”“褒贬”“文采”都很恰当，并完美地结合起来，才能称得上信史。吴缜关于信史的论述是精当的。他对“事实”“褒贬”“文采”的关系也有正确的认识，并尤其强调了“事实”。

针对宋明史学中过多地突出褒贬，褒贬在史书中泛滥，乃至不恰当地宣扬春秋笔法，清代史家强调“据事直书”，反对任情褒贬。王鸣盛说：“大抵史家所记典制有得有失，读史者不必横生意见，驰骋议论，以明法戒也。但当考其典制之实，俾数千百年建置沿革了如指掌，而或宜法，或宜戒，待人之自择焉可矣。”[1]钱大昕也说：“史家纪事唯在不虚美，不隐恶，据事直书，是非自见。各若出新意，掉弄一两字以为褒贬，是治丝而棼之也。”[2]褒贬是史家“史意”的重要反映，任何史书都不可能没有褒贬，即使清代以考据见长的

[1] 王鸣盛：《十七史商榷·序》，凤凰出版社，2008年版，第1页。

[2] 钱大昕：《十驾斋养新录》卷13《唐书直笔新例》，江苏古籍出版社，2000年版，第275页。

史家，他们在其考据著作中，也有对历史人物的褒贬议论，问题是褒贬必须有一个“度”，不能与事实、与撰写信史的原则相违背。清代史家对“据事直书”的强调，虽然矫枉不免有点过正，却表明他们对信史追求的自觉性更强了。他们更注重历史事实之真，史义之真必须建立在历史事实之真的基础上。要在考信史事的前提下求其是、求其所以是。清代史家的这些言论，使得儒家史学的信史追求在理论和方法的结合方面达到一个新的高度。

第二节　考信与求是

考信和求是，是撰写信史的两个方面，甚至说是两个层次，两者有着紧密的联系。考信，就是通过对各方面史料的考察、比勘，以求历史资料的真实可靠；求是，则是在考信的基础上，弄清历史事实，总结历史经验，探求历史法则。没有前者，就不可能有后者。而后者则是撰写信史的本质表现。

孔子研究历史，注意多方收集资料，“好古，敏以求之者也。”[1]对历史文献，则是“多闻，择其善者而从之；多见而识之”[2]。若有所不知，则宁阙，即“君子于其所不知，盖阙如也”。[3]孔子对待史料不盲从，而是予以鉴别，辨其正误。《吕氏春秋·察传》记载说：

> 鲁哀公问于孔子曰：“乐正夔一足，信乎？”孔子曰：“昔者舜欲以乐传教于天下，乃令重黎举夔于草莽之中而进之，舜以为乐正。夔于是正六律，和五声，以通八风，而天下大服。重黎又欲益求人，舜曰：‘夫乐，天地之精也，得失之节也，故唯圣人为能和，乐之本也。夔能和之，以平天下，若夔者，一而足矣。’故曰‘夔一足，非一足也。’”[4]

这件事说明，孔子对于夔只有一只脚的说法进行了考订，认为这种说法不对，本是说像夔这样的人，只有一个就够了，不是说的夔只有一只脚。类似的记

[1] 《论语·述而》，杨伯峻译注《论语译注》，第72页。

[2] 《论语·述而》，杨伯峻译注《论语译注》，第73页。

[3] 《论语·子路》，杨伯峻译注《论语译注》，第133页。

[4] 《吕氏春秋·察传》，高诱注《吕氏春秋》，上海书店出版社，1986年版（影印），第294页。

载还有不少，如“丁氏穿井得一人”“桓子穿井得狗”等等，孔子均能正其谬误。孔子强调对史料博闻慎取，反对那种自己不懂、却要凭空造作的人。孔子开创了中国史学考信求是的优良传统。

最早提出“考信”的是司马迁。他说：“夫学者载籍极博，犹考信于六艺。”[1] 司马迁撰写《史记》，在史料上是下了很大功夫的。可以说，他尽可能地收集当时能见到的所有材料。他生活在西汉大一统时代，“百年之间，天下遗文古事靡不毕集太史公”。于是他“网罗天下放失旧闻，王迹所兴，原始察终，见盛观衰，论考之行事，略推三代，录秦汉”[2]。对待文献资料，司马迁比较相信经书，他说的考信于六艺，即以六经为依据。他的“成一家之言”，是通过“厥协六经异传，整齐百家杂语”[3] 实现的。此外，他还重视见闻资料，通过实地考察与文献资料相比较，以对文献资料进行选择，“择其言尤雅者”。他说：“学者多称五帝，尚矣。然《尚书》独载尧以来；而百家言黄帝，其文不雅驯，

[1] 司马迁：《史记》卷 61《伯夷列传》，第 2121 页。

[2] 司马迁：《史记》卷 130《太史公自序》，第 3319 页。

[3] 司马迁：《史记》卷 130《太史公自序》，第 3319—3320 页。

荐绅先生难言之。孔子所传宰予问《五帝德》及《帝系姓》，儒者或不传。余尝西至空桐，北过涿鹿，东渐于海，南浮江淮矣，至长老皆各往往称黄帝、尧、舜之处，风教固殊焉，总之不离古文者近是。”[1]《史记》之所以成为史家之绝唱，司马迁的考信精神是一个重要的因素。《史记》在中国史学上具有划时代的意义，司马迁的考信精神也深深地影响了中国史学。以后的史书，不但在体裁上受其影响，在对待史料上也继承了司马迁的考信精神，并出现了《考信录》这样的专著。该著是清朝乾嘉时期崔述的著作。崔述说：“司马氏曰：‘学者载籍极博，犹考信于《六艺》。’是余之志也夫！”[2]崔述的考而后信的史学思想对中国史学的现代转型有很大影响。日本近世出现的疑古，也从他的书中汲取思想和材料。

儒家史学提倡实事求是。“通儒之学，必自实事求是始。”[3]“实事求是”一语，最早出现于《汉书·河

[1] 司马迁：《史记》卷1《五帝本纪》，第46页。

[2] 崔述：《崔东壁遗书》，《考信录提要》卷下，上海古籍出版社，1983年版，第17页。

[3] 钱大昕著，吕友仁校点《潜研堂集》卷25《卢氏群书拾补序》，上海古籍出版社，2009年版，第421页。

间献王传》,是说河间献王刘德“修学好古,实事求是”。颜师古注曰:“务得事实,每求真是也。”[1]引而申之,就是要从具体的历史事实中探求历史发展的真相。以后,“求是”也和“求真”一起使用。由此可见,中国史学崇实黜虚,主张无征不信,具有鲜明的实证特色,是有着悠久的历史传统的。在中国,文献目录学、版本学、校勘学以及辑佚、辨伪、注疏、考异等学问均很发达,究其原因,与儒家史学考信求是的传统有密切的关系,是“考信求是”史学精神的反映。

[1] 班固:《汉书》卷53《景十三王传》,第2410页。

第六章　史料考据论

第一节　“多闻阙疑，慎言其余”

孔子说：“多闻阙疑，慎言其余，则寡尤；多见阙殆，慎行其余，则寡悔。”[1]就是说，多听，有怀疑的地方，加以保留，其余足以自信的部分，谨慎地说出，就能减少错误；多见，有怀疑的地方，加以保留，其余足以自信的部分，谨慎地实行，就能减少懊悔。孔子类似这样的言论在《论语》中还有多处，如“吾犹及史之阙文也”，[2]“君子于其所不知，盖阙如也”，[3]“盖有不知

[1] 《论语·为政》，杨伯峻译注《论语译注》，第 19 页。

[2] 《论语·卫灵公》，杨伯峻译注《论语译注》，第 167 页。

[3] 《论语·子路》，杨伯峻译注《论语译注》，第 133 页。

而作之者，我无是也。多闻，择其善者而从之；多见而识之”。[1] 这些言论，有两个基本点，一是多听，即多获得知识或信息；二是要阙疑，即对于没有确凿的或充分的证据，应有怀疑或持保留的态度。这两点的目的都是为了弄清事实真相。这是一种实事求是的态度。这些话本是针对某个人的为人处世来讲的，以后逐步成为儒家的重要行为准则之一，并成为至理名言，影响巨大，超出了具体的就事论事，具有普遍的方法论意义。儒家史学，从创立时起，就遵循这一方法论，从而开创了中国史学重实黜虚、追求信史的优良传统。

孔子说：“夏礼，吾能言之，杞不足徵也；殷礼，吾能言之，宋不足徵也。文献不足故也。足，则吾能徵之矣。”[2] 也就是说，孔子言夏礼、殷礼，重视历史文献，并感到文献不足而产生的遗憾。关于治学的态度，孔子说：“知之为知之，不知为不知，是知也。”[3] 这是说，做学问要老老实实，知道就是知道，不知道就是不知道，这才是明智的态度。这种治学态度，要

[1] 《论语·述而》，杨伯峻译注《论语译注》，第 73 页。

[2] 《论语·八佾》，杨伯峻译注《论语译注》，第 26 页。

[3] 《论语·为政》，杨伯峻译注《论语译注》，第 19 页。

求力戒主观、武断。在这方面，孔子做得是很好的，所谓“子绝四——毋意，毋必，毋固，毋我”[1]即可说明。他写《春秋》，也是采取的这种态度，《穀梁传》说其“信以传信，疑以传疑”。[2]《春秋》有“异辞”，之所以存在“异辞”，与孔子的这种治学态度不无关系。顾炎武说：“孔子生于昭、定、哀之世，文、宣、成、襄则所闻也，隐、桓、庄、闵、僖则所传闻也。国史所载策书之文，或有不备，孔子得据其所见以补之。至于所闻，则远矣；所传闻，则又远矣。虽得之于闻，必将参互以求其信。信则书之，疑则阙之，此其所以为异辞矣。”[3]

孟子也提倡怀疑精神，他有一句有名的话：“尽信《书》，则不如无《书》。吾于《武成》，取二三策而已矣。仁人无敌于天下，以至仁伐至不仁，而何其血之流杵也？”[4]他认为，即使《尚书》的某些记载，也有极大的偏向和夸张的成分，也不能轻信。荀子的一些论说，

[1] 《论语·子罕》，杨伯峻译注《论语译注》，第87页。

[2] 《穀梁传》桓公五年，《十三经注疏》(下)，第2374页。

[3] 顾炎武：《日知录》卷4《所见异辞》，《顾炎武全集》第18册，第209页。

[4] 《孟子·尽心下》，杨伯峻译注《孟子译注》，第325页。

讲得更是明确，他说："信信，信也；疑疑，亦信也。"[1]这是说，相信值得相信的事情，是信，而怀疑可疑的事情，也是信，信和疑是辩证统一的。具有怀疑的精神，是做到撰写信史的必要保证。他还说："知之曰知之，不知曰不知，内不自以诬，外不自以欺。"[2]"君子知之曰知之，不知曰不知，言之要也。"[3]"君子疑则不言，未问则不立。"[4]等等。先儒的这些注重实事求是的治学精神对中国史学的发展是极其重要的。事实上，它也确实深刻地影响了中国史学。这在编撰史书上，鲜明地表现出来。

司马迁的《史记》，有十二表，以《三代世表》为第一篇。他在该表的《序》中说："孔子因史文次《春秋》，纪元年，正时日月，盖其详哉。至于序《尚书》则略，无年月，或颇有，然多阙，不可录。故疑则传疑，盖其慎也。"[5]这说明，孔子所说的"阙疑"之态度为史

[1] 《荀子·非十二子》，王先谦撰，沈啸寰点校《荀子集解》，第114页。
[2] 《荀子·儒效》，王先谦撰，沈啸寰点校《荀子集解》，第166页。
[3] 《荀子·子道》，王先谦撰，沈啸寰点校《荀子集解》，第629页。
[4] 《荀子·大略》，王先谦撰，沈啸寰点校《荀子集解》，第601页。
[5] 司马迁：《史记》卷13《三代世表》，第487页。

学家所接受并被自觉地运用。“多闻阙疑，慎言其余”之史法，一是要求收集资料尽可能全面；二是要求在资料不足的情况下，宁可“阙疑”；三是撰写史书，须有谨慎的态度。司马迁撰《史记》，对有关远古的部分就很自觉地遵循这些原则：“余读谍记，黄帝以来皆有年数。稽其历谱谍终始五德之传，古文咸不同，乖异。夫子之弗论次其年月，岂虚哉！于是以《五帝系谍》《尚书》集世纪黄帝以来讫共和为《世表》。”[1] 在《五帝本纪》赞中又说：“学者多称五帝，尚矣。然《尚书》独载尧以来；而百家言黄帝，其文不雅驯，荐绅先生难言之。孔子所传宰予问《五帝德》及《帝系姓》，儒者或不传。余尝西至空桐，北过涿鹿，东渐于海，南浮江淮矣，至长老皆各往往称黄帝、尧、舜之处，风教固殊焉，总之不离古文者近是。予观《春秋》《国语》，其发明《五帝德》《帝系姓》章矣，顾弟弗深考，其所表见皆不虚，书阙有间矣，其轶乃时时见于他说。非好学深思，心知其意，固难为浅见寡闻道也。余并论次，择其言尤雅者，故著为本纪书首。”这是说，司

---

[1] 司马迁：《史记》卷 13《三代世表》，第 488 页。

马迁写《五帝本纪》，在资料上据孔子所传之古文——《五帝德》《帝系姓》，参考诸子百家，并与到各地的见闻资料相印证，然后“择其言尤雅者”为之，这说明司马迁也是经过了一番“多闻阙疑”的功夫才做这一工作的。

班固著《汉书》，完整地记述了西汉一代的历史，继承了《史记》以纪、传、表、志互相协调的体裁特点，开创了断代史纪传体史书的先河。以后历代正史均仿《汉书》而作。《汉书》“旁贯《五经》，上下洽通”[1]，它是在《史记》的基础上写成的，继承了《史记》的实录精神。班固称赞司马迁有良史之才：“其文直，其事核，不虚美，不隐恶。”[2] 尽管他与司马迁在历史观点上有很大的差别，但在史料的处理上却有共同之处。《汉书》武帝太初以前，多照抄《史记》，旧史家因此讥之为剽窃。其实，这是不公正的。既然《史记》是“实录”，那么武帝以前的史实就应该以之为依据。班固这样做是为了忠于历史，无可指责，而且，对武帝以前的历史的记述，班固又收集资料，作了许多有价值的补充。

[1] 班固：《汉书》卷 100 下《叙传下》，第 4235 页。

[2] 班固：《汉书》卷 62《司马迁传》，第 2738 页。

他还申明，凡是《史记》所无的材料，决不随便添加，必须确凿有据，方予增补，否则阙疑。在《汉书·艺文志》中，班固说："古制，书必同文，不知则阙，问诸故老，至于衰世，是非无正，人用其私。故孔子曰：'吾犹及史之阙文也，今亡矣夫！'盖伤其浸不正。"[1]颜师古对孔子的话解释道："《论语》载孔子之言，谓文字有疑，则当阙而不说。孔子自言，我初涉学，尚见阙文，今则皆无，任意改作也。"[2]这就是说，信守阙疑之法，是中国史学的一个古老的优良传统。

第二节　"多闻"——治史的基本要求

治史，要从史料出发，收集尽可能多的史料。史料详备，是历史事实得以被认识的基础。俗话说，"巧妇难为无米之炊"。没有史料，再高明的史学家也写不出值得信赖的历史。刘知幾提出史才三长论，其中的"史学"就是指关于史料的知识。尽可能多地获取史料，用孔子的话说就是"多闻"。

[1] 班固：《汉书》卷30《艺文志》，第1721页。

[2] 班固：《汉书》卷30《艺文志》，第1722页。

孔子作《春秋》，曾派十几位弟子到处访问各国的史记，最后因为文献不足而不敢论宋国的礼制。孔子认为，君子要“博学于文”，其中就包含对史家知识修养方面的要求。

《史记》这部书，史料丰富。司马迁说他写《史记》，“网罗天下放失旧闻”“天下遗文古事靡不毕于太史公”。这是说他把当时所能见到的史料都已搜罗。班固称赞司马迁运用资料之博，说：“自古书契之作而有史官，其载籍博矣。至孔氏纂之，上断唐尧，下讫秦缪。唐虞以前虽有遗文，其语不经，故言黄帝、颛顼之事未可明也。及孔子因鲁史记而作《春秋》，而左丘明论辑其本事以为之传，又撰异同为《国语》。又有《世本》，录黄帝以来至春秋时帝王公侯卿大夫祖世所出。春秋之后，七国并争，秦兼诸侯，有《战国策》。汉兴伐秦定天下，有《楚汉春秋》。故司马迁据《左氏》《国语》，采《世本》《战国策》，述《楚汉春秋》，接其后事，讫于天汉。其言秦汉，详矣。……其涉猎者广博，贯穿经传，驰骋古今，上下数千载间，斯以勤矣。”[1]

---

[1] 班固：《汉书》卷62《司马迁传》，第2737页。

《汉书》的正宗史学为后来的封建政权和官方学者所支持，但它在史学史上的积极影响并不在于它的正宗思想而在于它的博洽。《汉书》作者班固出生在史学世家，父亲班彪“继采前史遗事，旁贯异闻，作后传数十篇”。父死，他继承父业，“以彪所续前史未详，乃潜精研思，欲就其业”。《后汉书》称他“博贯载籍，九流百家之言，无不穷究。所学无常师，不为章句，举大义而已”。[1] 班固曾以“博物洽闻”推重司马迁、刘向和扬雄，而他写《汉书》也是按照这个标准来做的。他自谓《汉书》是“综其行事，旁贯《五经》，上下洽通”[2]。《汉书》虽是断代之作，但它的表，则突破了断代的局限，于断中又有一种“通识”在里面。范晔评论《汉书》道：“若固之序事，不激诡，不抑抗，赡而不秽，详而有体，使读之者亹亹而不厌，信哉其能成名也。”[3]“上下洽通”“详而有体”，是对《汉书》史学成就的准确评价。

---

[1] 范晔：《后汉书》卷 40 上《班彪列传》，中华书局，1965 年版，第 1330 页。

[2] 班固：《汉书》卷 100 下《叙传下》，第 4235 页。

[3] 范晔：《后汉书》卷 40 下《班彪列传》，第 1386 页。

北魏崔鸿撰《十六国春秋》,其对史料收集的态度,历来受到称赞。《魏书·崔鸿传》说崔鸿著《十六国春秋》,“草构悉了,惟有李雄《蜀书》,搜索未获,阙兹一国,迟留未成”。刘知幾称赞崔鸿“推求十有五年,始于江东购获,乃增其篇目,勒为一百二卷”。[1] 以十数年的时间搜集史料,直到史料完备方能动笔,体现了史家对历史严肃负责的精神。史料不足,大儒不敢开口,良史无法下笔。刘知幾认为,史家要才学识兼备,三者缺一不可,指出“如有才而无学,亦犹思兼匠石,巧若公输,而家无楩楠斧斤,终不果成其宫室者矣”。[2] 关于史料的搜集,他专门在《史通》中撰写了《采撰》篇。他说:“子曰:‘吾犹及史之阙文。’是知史文有阙,其来尚矣。自非博雅君子,何以补其遗逸者哉?盖珍裘以众腋成温,广厦以群材合构。自古探穴藏山之士,怀铅握椠之客,何尝不征求异说,采摭群言,然后能成一家,传诸不朽。观夫丘明受经立传,广包诸国,盖当时有《周志》《晋乘》《郑书》《楚杌》等篇,遂乃聚而编之,混成一录。向使专凭鲁策,独询孔氏,何

[1] 刘知幾:《史通·古今正史》,浦起龙《史通通释》,第 335 页。
[2] 刘昫:《旧唐书》卷 102《刘子玄传》,第 3173 页。

以能殚见洽闻，若斯之博也？马迁《史记》，采《世本》《国语》《战国策》《楚汉春秋》。至班固《汉书》，则全同太史。自太初已后，又杂引刘氏《新序》《说苑》《七略》之辞。此并当代雅言，事无邪僻，故能取信一时，擅名千载。”[1] 这里的中心意思是搜集史料要“博”，所谓“珍裘以众腋成温，广厦以群材合构”，“众”和“群”均是说撰史取材要丰富。《左传》《史记》《汉书》，莫不是因为取材丰富而“取信一时，擅名千载”的。

《隋书·经籍志》史部后论，提出了史学家知识结构方面的要求，说：“夫史官者，必求博闻强识、疏通知远之士”，“是故前言往行，无不识也；天文地理，无不察也；人事之纪，无不达也。”[2] 就是说，史学家要具备多方面的知识，包括自然和社会、历史与现实等等。“博闻强识”，语出《礼记·曲礼》；“疏通知远”，出于《礼记·经解》。唐朝人将这两句话吸收过来，对史家的知识结构提出了总的要求。博闻强识，就是指广博的见闻和丰厚的知识积累；而疏通知远则是更高的要求，不仅对各方面的知识融会贯通，还包含总结

[1] 刘知幾：《史通·采撰》，浦起龙《史通通释》，第106页。

[2] 魏徵：《隋书》卷33《经籍志二》，中华书局，1973年版，第992页。

历史，运用历史知识，以洞察未来。

司马光等编《资治通鉴》时，博采群书，不遗巨细。据有人考证，除了《史记》至《新五代史》19种正史之外，《通鉴》用杂史、奏议、笔记、文集等共有296种，碑志14种，总数已在300种以上。从搜集史料到全书定稿，司马光有一套严谨周密的方法，分为编写丛目、长编和定稿等几个步骤。长编要求“宁失于繁，毋失于略”。根据现存的有关资料，仅编写《通鉴》唐纪丛目就用去约二三年的时间，写成的长编多至六七百卷，司马光用了三四年的时间反复删削，才最后删定为81卷。据说草稿在洛阳有两间屋之多。《资治通鉴》问世后，有的学者为之作注，有的为之续作、改编，以至成为专门之学——通鉴学。它对中国史学的影响经久不衰。其中，搜集资料之博，考证史料之精，当是重要原因之一。

郑樵撰《通志》，提出“会通”的原则，“会天下之书而修”“集天下之书为一书”。“且天下之理，不可以不会；古今之道，不可以不通。会通之义，大矣哉！仲尼之为书也，凡《典》《谟》《训》《诰》《誓》《命》之书，散在天下，仲尼会其书而为一书。举而推之，上通于尧、舜，旁通于秦、鲁，使天下无逸书，世代无绝绪，然后为成书。马迁之为书，当汉世挟书之律初除，书籍之在天下者，不过《书》《春秋》《世本》《战国策》数书耳。迁会其书而为一书。举而推之，上通乎黄帝，旁通乎列国，使天下无绝书，世代无绝绪，然后为成书。后之史家据一代之史，不能通前代之史，本一书而修，不能会天下之书而修。故后代与前代之事，不相因依。又诸家之书，散落人间，靡所底定，安得为成书乎！”[1]他对《史记》评价很高，同时又指出《史记》限于客观条件，在当时所见的书不多，有“博不足”的缺点。《宋史·郑樵传》记他“游名山大川，搜奇访古，遇藏书家，必借留读尽乃去”。[2]他博极民间藏书，以至“搜尽东南遗书，搜尽古今图谱，又尽上代之鼎彝与四海之铭碣”。[3]《通志》就是综合了古代各种书籍而修成的“总括千殊，包罗万有”的著作，不仅记载了有关的历史人物、政治、经济等典章制度

---

[1] 郑樵:《上宰相书》，吴怀祺校补《郑樵文集》，书目文献出版社，1992 年版，第 37—38 页。

[2] 《宋史》卷 436《郑樵传》，中华书局，1977 年版，第 12944 页。

[3] 郑樵:《献皇帝书》，吴怀祺校补《郑樵文集》，第 24 页。

方面的内容，而且涉及天文、地理、动物、植物、文字、音韵等各个学术领域的知识。

史学家要具有渊博的学识，只有这样，才能由博返约，写出高水平的史学著作来。章学诚关于博约关系的论述，极其精到，多为人引用。他说："博学强识，儒之所有事也。以谓自立之基，不在是矣。学贵博而能约，未有不博而能约者也。以言陋儒荒俚，学一先生之言以自封域，不得谓专家也。"[1] 章氏在文中重点强调了"博"，认为"博"是"约"的基础，没有"博"，就谈不上"约"。

要而言之，不论是撰史的史料需要，还是就史学家的知识结构来说，"多闻"都是儒家治史的基本要求。

第三节 "阙疑"——撰史的一条重要方法论

有疑则阙，这是中国先秦儒家史学留下的传统。孔子所谓"君子于其所不知，盖阙如也"。[2] 荀子所谓"言之信者，在乎区盖之间。疑则不言，未问则不

[1] 章学诚：《文史通义·博约中》，《章学诚遗书》，第 14 页。

[2] 《论语·子路》，杨伯峻译注《论语译注》，第 133 页。

立”。[1] 指的都是这个意思。司马迁、班固继承了这一传统，在他们所著的《史记》《汉书》中多次运用阙疑之法，如司马迁在编纂《史记》的过程中，对茫昧无稽的上古史料，采取阙疑的态度，在《五帝本纪》中，他不断地说：“唐虞以上，不可知已”，“夫神农以前，吾不知已”。表现出严谨求实的治学精神。阙疑，逐渐成为史书编纂的一条重要方法论。如刘勰在《文心雕龙·史传》篇提出：“盖文疑则阙，贵信史也。”意思是说，阙疑是为了写信史。他还批评了记事随意，甚至猎奇的现象，说：“俗皆爱奇，莫顾实理。传闻而欲伟其事，录远而欲详其迹，于是弃同即异，穿凿傍说，旧史所无，我书则传，此讹滥之本源，而述远之巨蠹也。”[2] 刘知幾在刘勰的基础上又有新的发展。在《史通·采撰》中，他首先征引孔子的话：“吾犹及史之阙文”，说明“史文有阙，其来尚矣”，只有“博雅君子”，才能“补其遗逸”，指出史家要谨慎地选择史料。他从正反两个方面说明，撰著史书，既要博采史料，又要谨慎取之，并得出结论：“作者恶道听途说之违理，街

[1] 《荀子·大略》，王先谦撰，沈啸寰等点校《荀子集解》，第608—609页。

[2] 刘勰：《文心雕龙·史传》，周振甫注《文心雕龙注释》，第171—172页。

谈巷议之损实”[1],“异辞疑事,学者宜善思之”。[2]这就向撰史者提出一种忠告：摈弃“违理”“损实”之说而对“异辞疑事”要“善思”。从而把“阙疑”的问题论述得更为细致具体了。

大凡中国史学史上的不朽之作,均自觉地遵循“阙疑”之法，对“阙疑”与写信史之关系有明确的认识。司马光主编《资治通鉴》，又作了《通鉴考异》。此书既说明《通鉴》的材料之所自，又解释去取的理由。其中，有参取众书而从长者，有两存者，有两弃者，有两疑而皆取其要者，有存疑者，有兼存或说于《考异》中者，儒家史学之“阙疑”精神得以进一步发扬光大。郑樵撰《通志》，根据“传信存疑”的原则，对于疑难问题，大都加按语考辨订误，如编纂传说时代的史事时指出：“三皇五帝三王之事，盖已久矣，臣之所志,在于传信,其有传疑者,则降而书,以备记载云。”[3]他不仅对大量史料加以考订，编入《通志》作为正文，而且在按语中还保留了不少资料，以备进一步考察。

---

[1] 刘知幾:《史通·采撰》，浦起龙《史通通释》，第109页。

[2] 刘知幾:《史通·采撰》，浦起龙《史通通释》，第109页。

[3]《通志》卷1《三皇纪》，第31页。

明末清初的顾炎武，总结儒家史学的传统，明确地提出“信则书之，疑则阙之”的主张，认为写史书，信是关键，无论是闻，还是传闻，求信是目的。疑则宁阙。阙疑、异辞，对于撰史并非无益，而且是修撰信史必须采取的方法。上文谈到，他以孔子修《春秋》之法，说明“阙疑”是撰写史书的一个重要史学方法论。清朝开明史馆，大规模修撰明史，顾氏的外甥徐元文、徐乾学，弟子潘耒都参与了修撰。他们征询顾氏关于修《明史》的建议。顾氏说:“窃意此番纂述，止可以邸报为本，粗具草稿，以待后人，如刘昫之《旧唐书》可也。……惟是奏章是非同异之论，两造并存，而自外所闻，别用传疑之例，庶乎得之。”[1]“今之修史者，大段当以邸报为主，两造异同之论，一切存之，无轻删抹，而微其论断之辞，以待后人之自定，斯得之矣。”[2]这是说，撰写史书，一方面，要重视原始资料，另一方面占有资料要全面，对反映同一事实而说法不

[1]《亭林文集》卷3《与公肃甥书》，顾炎武著，华忱之点校《顾亭林诗文集》，第54—55页。

[2]《亭林文集》卷4《与次耕书》，顾炎武著，华忱之点校《顾亭林诗文集》，第80页。

同的资料，不能轻易删抹，应“一切存之”。这实际上用的是阙疑之法。

要之，阙疑，已成为中国史学编撰信史的一个重要方法，是儒家史学求实精神在史学方法论中的重要体现。

第四节　辨伪考据与史学

撰写历史，必须以历史资料为根据。写出的历史是否可信与历史资料可靠与否有直接的关系。郭沫若说：“无论作任何研究，材料的鉴别是最必要的基础阶段。材料不够固然大成问题，而材料的真伪或时代性如未规定清楚，那比缺乏材料还要更加危险。因为材料缺乏，顶多得不出结论而已，而材料不正确便会得出错误的结论。这样的结论比没有更要有害。”[1]这就是说，对史料的去伪存真，是研究历史、撰述历史的基础工作。所以，对史料进行辨伪和考据，与撰写信史是不可分的。

---

[1] 郭沫若：《十批判书·古代研究的自我批判》，《郭沫若全集·历史编》第2卷，人民出版社，1982年版，第3—4页。

中国史学自古就注重对史料的辨伪和考据工作，并在丰富的实践基础上形成了有关的理论。辨伪和造伪是一对矛盾。有造伪，就有辨伪。大约在战国时期，已有伪书伪事之现象，同时，也就出现了辨伪的思想萌芽。《荀子・非十二子》篇批评子思、孟子编造五行学说，依托古人以欺人，说："案往旧造说，谓之五行，……案饰其辞而祗敬之曰：此真先君子之言也。"[1]《韩非子・显学》篇批评儒墨两家，说："孔子、墨子俱道尧舜而取舍不同，皆自谓真尧舜。尧舜不复生，将谁使定儒墨之诚乎？"[2] 荀子、韩非的话虽没有明确指出伪书的问题，但已有了明确的辨伪意识。

司马迁写《史记》，"整齐百家杂语"。这里的"整齐"，就是一个去伪存真的过程。他说的"百家言黄帝，其文不雅驯"，实际是说在百家语中有很多伪材料。班固《汉书・艺文志》著录群书，涉及对书的辨伪，如说《黄帝说》"迂诞依托"，《伊尹说》"其语浅薄，

---

[1] 《荀子・非十二子》，王先谦撰，沈啸寰等点校《荀子集解》，第110—111页。

[2] 《韩非子・显学》，韩非著，王先慎集解《韩非子集解》，上海书店出版社，1986年版（影印），第351页。

似依托也"，等等。这在辨别伪书上是有创始意义的。

唐代的刘知幾和柳宗元，都是敢于怀疑的史学家。刘知幾著《史通》，专门写了《疑古》《惑经》两篇，指出《尚书》《春秋》里有若干材料不可信。柳宗元对《文子》《鬼谷子》《晏子春秋》《亢仓子》《和冠子》，各著专文以辨其伪。这是比较系统的辨伪文章。至宋代，辨伪之风盛行。欧阳修著《易童子问》，认为《易传》中《系辞》《文言》等篇是伪作。司马光、郑樵、叶适等都在辨伪上有成就。朱熹所辨伪书最多，达60种左右。

明代在辨别伪书方面超过以往各代，突出地表现在，出现了辨伪的专书，形成了辨伪的理论，以宋濂、胡应麟的成绩为最大。宋濂的《诸子辨》辨别伪书40余部，是现存最早的以辨伪书为内容的专著。胡应麟著《四部正讹》，所论遍及四部，辨伪书达70余部。他对伪书产生的原因作了归纳，分作21类：1. 作于前代而世率知之者；2. 作于近代而世反惑之者；3. 掇古人之事而伪者；4. 挟古人之文而伪者；5. 传古人之名而伪者；6. 蹈古书之名而伪者；7. 惮于自名而伪者；8. 耻于自名而伪者；9. 袭取于人而伪者；10. 假重于人而伪者；11. 恶其人伪以祸之者；12. 恶其人伪以诬之者；13. 本非伪，人托之而伪者；14. 书本伪，人补之而益伪者；15. 伪而非伪者；16. 非伪而曰伪者；17. 非伪而实伪者；18. 当时知其伪而后世弗传者；19. 当时记其伪而后人弗悟者；20. 本无撰人，后人因近似而伪托者；21. 本有撰人，后人因亡逸而伪题者。[1] 在分析总结古今伪书情况的基础上，胡应麟总结出了八种辨伪的方法，分别为：1. 核之《七略》以观其源；2. 核之群志以观其绪；3. 核之并世之言以观其称；4. 核之异世之言以观其述；5. 核之文以观其体；6. 核之事以观其时；7. 核之撰者以观其托；8. 核之传者以观其人。[2] 胡应麟的书，不仅辨别了大量的伪书，而且把辨识伪书的方法和经验条理化了，是辨伪工作的一个新的进展。

清代的辨伪工作比明代又有新的发展。万斯同著有《群书疑辨》，对《易传》《周礼》《仪礼》《左传》等书都提出了疑问。姚际恒著《古今伪书考》，辨别经、史、

[1] 胡应麟：《少室山房笔丛》，上海书店出版社，2001 年版，第 290—291 页。

[2] 胡应麟：《少室山房笔丛》，第 322 页。

子三类书70余种，并归纳出伪书的几个例，如“有真书杂以伪者”“有书非伪而书名伪者”等。还有对一本书进行专门辨伪的。如阎若璩的《古文尚书疏证》，旁征博引，揭出《古文尚书》的种种矛盾，列出证据128条，确凿有力地证明东晋梅赜所献的《古文尚书》是一部伪书，长期以来人们对《古文尚书》的怀疑终于得到证实。胡渭著《易图明辨》，证明了宋代道学家所宣扬的《太极图》《河图》《洛书》是宋初佛教、道教中的人拼凑出来的，与周公、孔子没有任何关系。这两部书，使得辨伪工作更加深入，以致对清代辨伪考据之风的兴起都起到了重要的推动作用。

考据，也叫考证，它是通过广集资料，鉴别真伪，究明正诂，分类归纳，以求得对历史问题予以正确解释的可靠的史料依据。它与目录、版本、校勘、辨伪、辑佚、注疏之学都有密切的关系，是这些学问的综合运用。此外，它还要求有逻辑方面的素养及相关的专业知识，如历法、地理等等。

考证方法开始使用较早，如《吕氏春秋·察传》云：“子夏之晋，过卫。有读史记者曰：‘晋师三豕涉河。’子夏曰：‘非也，是己亥也。夫己与三相近，豕与亥相似。'至于晋而问之，则曰，晋师己亥涉河也。"[1] 这虽是一个关于校勘的典型实例，也说明在先秦已出现运用校勘来进行史事的考证了。司马迁写《史记》，"考信于六艺"；班固撰《汉书》，"综其行事，旁贯《五经》"；此后，史书注释之学兴起，如裴松之的《三国志注》，"鸠集传记，广增异文"，在史事上予以补阙、存异、惩妄等。司马光主编《资治通鉴》，自撰《资治通鉴考异》；有关对《通鉴》注释之书也大量出现。宋元时期虽然理学盛行，但辨伪考据之风经久不衰，欧阳修、司马光、朱熹、郑樵、王应麟、胡三省、马端临等都在这方面取得了巨大成就。至清代，考据学在史学中占据主导地位，延续 100 多年。王鸣盛、钱大昕、赵翼等都是考据史学的名家。他们反对横生褒贬，主张据事直书，实事求是。王鸣盛在《十七史商榷序》中的话，很能代表乾嘉考据史学的方法论主张。他说：

> 大抵史家所记典制有得有失，读史者不必横生意见，驰骋议论，以明法戒也。但当考其典制

[1] 《吕氏春秋·察传》，高诱注《吕氏春秋》，第 294—295 页。

之实，俾数千百年建置沿革了如指掌，而或宜法，或宜戒，待人之自择焉可矣。其事迹则有美有恶，读史者亦不必强立文法，擅加与夺，以为褒贬也。但当考其事迹之实，俾年经事纬、部居州次，记载之异同，见闻之离合，一一条析无疑，而若者可褒，若者可贬，听诸天下之公论焉可矣。书生匈臆，每患迂愚，即使考之已详，而议论褒贬犹恐未当，况其考之未确者哉！盖学问之道，求于虚不如求于实，议论褒贬皆虚文耳。作史者之所记录，读史者之所考核，总期于能得其实焉而已矣，外此又何多求邪？[1]

钱大昕也说："史家纪事唯在不虚美，不隐恶，据事直书，是非自见。"[2]在中国史学的发展史中，讲究褒贬义例和崇实黜虚一直是代表史学发展的两种倾向，但无论哪一种倾向，都不可能与另一种倾向完全断绝。清代史学，考据之学兴盛，除了社会方面的原因，与中国史学考信求是的特质也是分不开的。郭沫

[1] 王鸣盛:《十七史商榷·序》，第1页。

[2] 钱大昕:《十驾斋养新录》卷13《唐书直笔新例》，第275页。

若对乾嘉考据有过比较公允的评论，他说：“乾嘉时代考据之学颇有成绩。虽或趋于烦琐，有逃避现实之嫌，但罪不在学者，而在清廷政治的绝顶专制。聪明才智之士既无所用其力，乃逃避于考证古籍。此较之没头于八股文或饱食终日无所用心者，不可同日而语。……欲尚论古人或研讨古史，而不从事考据，或利用清儒成绩，是舍路而不由。就稽古而言为考据，就一般而言为调查研究，未有不调查研究而能言之有物者。”[1]郭沫若对乾嘉考据的肯定，在一定意义上也是对中国史学重视考信求是传统的赞颂。

[1] 郭沫若：《读随园诗话札记》，《郭沫若全集·文学编》第16卷，人民文学出版社，1982年版，第394—395页。

第七章　直书史德论

第一节　秉笔直书，善恶必记

梁启超谈中国史学史，在讲到中国古代的史官时，说过这样的话："国家法律尊重史官独立，或社会意识维持史官尊严，所以好的政治家不愿侵犯，坏的政治家不敢侵犯，侵犯也侵犯不了。这种好制度不知从何时起，但从春秋以后，一般人暗中都很尊重这无形的纪律。"[1]的确是这样，中国在久远的古代就有比较完备的史官制度，形成了优秀的撰史传统。中国史学发达，与中国的史官建置之早、史官制度的完备以及史

[1] 梁启超:《中国历史研究法补编》,《饮冰室合集》专集之九十九，第154页。

官的恪尽职守都是分不开的。

关于中国的史官制度，刘知幾说："盖史之建官，其来尚矣。昔轩辕氏受命，仓颉、沮诵实居其职。至于三代，其数渐繁。"[1]仓颉、沮诵是否真有其人，无法考辨，但在中国先秦的史籍里，已有关于史官制度的记述。《周官》《礼记》中有大史、小史、内史、外史、左史、右史之名。这些史官还有不同的职掌，"太史掌国之六典，小史掌邦国之志，内史掌书王命，外史掌书使乎四方，左史记言，右史记事。《曲礼》曰：'史载笔，大事书之于策，小事简牍而已。'《大戴礼》曰：'太子既冠成人，免于保傅，则有司过之史。'《韩诗外传》云：'据法守职而不敢为非者，太史令也。'"[2]至于诸侯各国，也都各有史官。如晋国有史官董狐，齐国有太史南氏。在诸史官中，大概太史的地位最重要。昭公二年："晋韩宣子来聘，观书于太史氏，见《易象》与《鲁春秋》，曰：'周礼尽在鲁矣。'……至秦有天下，太史令胡母敬作《博学章》。"[3]史官的职责，是记载国

[1] 刘知幾：《史通·史官建置》，浦起龙《史通通释》，第281页。

[2] 刘知幾：《史通·史官建置》，浦起龙《史通通释》，第281页。

[3] 刘知幾：《史通·史官建置》，浦起龙《史通通释》，第282页。

君、公、侯乃至大夫的言行，据《韩诗外传》卷七："赵简子有臣曰周舍，立于门下三日三夜。简子使人问之，曰：'子欲见寡人何事？'周舍对曰：'愿为谔谔之臣，墨笔操牍，从君之后，司君之过而书之，日有记也，月有成也，岁有效也。'"[1] 并且由于分工的不同，记载的内容和形式也不同。史官在履行自己的职责时，也遵循一定的原则。这种制度直到战国时期仍然保留着，《史记·孟尝君传》："孟尝君待客坐语，屏风后常有侍史，主记君所与客语。"刘知幾在《史通·史官建置》中也说："盖赵鞅，晋之一大夫尔，有直臣书过，操简笔于门下。田文，齐之一公子尔，每坐对宾客，侍史记于屏风。"[2] 战国时期的国君还利用史官"君举必书"的规则，来进行政治斗争。如《史记》中记述的："（赵王）与秦王会渑池。秦王饮酒酣，曰：'寡人窃闻赵王好音，请奏瑟。'赵王鼓瑟。秦御史前书曰'某年月日，秦王与赵王会饮，令赵王鼓瑟'。……相如前进缻，因跪请秦王。……秦王不怿，为一击缻。相如顾

[1] 韩婴撰，许维遹校释《韩诗外传集释》，中华书局，2005 年版，第 247—248 页。

[2] 刘知幾：《史通·史官建置》，浦起龙《史通通释》，第 281—282 页。

召赵御史书曰‘某年月日，秦王为赵王击瓴’。”[1]汉代，这种制度虽不再坚持，大概也没完全废除。汉武帝时，有《禁中起居注》，可能出于宫中女史之手。从司马父子的职掌看，古史官制度在汉代还有相当的影响。刘知幾说：“武帝又置太史公，位在丞相上，以司马谈为之。汉法，天下记书先上太史，副上丞相。”[2]据《汉书·百官公卿表》，汉无太史公，而有太史令，太史令职位六百石，位卑于丞相，但在朝会时，由于他的特殊使命，座位仍在丞相之上则是可能的。如司马谈随武帝泰山封禅，司马迁随武帝到各地巡游，说明他们还具有古史官的职掌。王莽改制，实行复古政策：“居摄元年正月……置柱下五史，秩如御史，听政事，侍旁记疏言行。”[3]可见，古史官制度还有多么深的影响。刘知幾说：“古者人君，外朝则有国史，内朝则有女史，内之与外，其任皆同。故晋献惑乱，骊姬夜泣，床笫之私，房中之事，不得掩焉。”[4]东汉时，以他官如兰台令史撰修

[1] 司马迁：《史记》卷81《廉颇蔺相如列传》，第2442页。

[2] 刘知幾：《史通·史官建置》，浦起龙《史通通释》，第284页。

[3] 班固：《汉书》卷99上《王莽传上》，第4082页。

[4] 刘知幾：《史通·史官建置》，浦起龙《史通通释》，第299页。

国史。三国魏明帝置著作郎，隶属中书，相当于周之左史。晋时，又隶属秘书，有著作郎一人，专掌史任，佐著作郎八人。宋、齐以后，改佐著作郎为著作佐郎。齐、梁、陈又置修史学士，十六国、北朝，也都设有史职。隋朝时，以著作如外史，内史省置起居舍人，职掌如古之内史。唐代正式设立了史馆。“馆宇华丽，酒馔丰厚，得厕其流者，实一时之美事。”[1]此后各朝，史官制度多因唐制而有所损益。

在这种重视修史、不断完善史官制度的过程中，中国史家形成了据事直书、善恶必记的价值取向，认为只有这样，才是尽到了史官的责任，才是一个好的史官。《左传》宣公二年记载的董狐之“书法无隐”,《左传》襄公二十五年记载的齐太史以兄弟三人的生命记载“崔杼弑其君”，表明在中国古代，史官确实把“秉笔直书，善恶必记”作为自己的神圣职责，以致于不惜以生命去捍卫它。董狐、齐太史、南史氏的事迹，广为流传，深入人心，是直笔的楷模。他们在人们的心目中，永远是正义史官的化身，这就是所谓的“辞

[1] 刘知幾:《史通・史官建置》，浦起龙《史通通释》，第294页。

宗丘明，直归南董”。[1] 他们所表现出的精神以及后人对这种精神的诠释，远远超过了其事迹本身的意义。许慎《说文解字》对“史”这样解释道：“史，记事者也，从又持中。中，正也。”现在一般认为，这种解释并不正确。“中”，在古代是指的简册。许慎把“中”训为“正”，是从抽象的意义上对“史”作的解释，虽然，从训诂上说，这是错误的，但却准确地揭示了“史”的本质内涵，把中国史官的正直精神表达出来了。刘知幾论直书，用“正直”“良直”“直词”“直道”等褒扬；论曲笔，则用“舞词”“臆说”“谀言”“曲词”“诬书”“妄说”“谤议”等来鞭笞。于是，坚持直书，反对曲笔，就成为公认的评价史书优劣的一项重要标准。刘知幾说：“君子以博闻多识为工，良史以实录直书为贵。”[2] 就是说，史家以直笔为荣，以曲笔为耻。唐朝史馆制度趋于完备，史官不仅有明确的职责，而且建立起履行自己职责的行为规范、道德规范。史载，唐太宗问谏议大夫兼知起居事褚遂良：“卿知起居，记录何事，大抵人君得观之否？”褚遂良回答说：“今之起

[1]　刘勰：《文心雕龙·史传》，周振甫注《文心雕龙注释》，第 172 页。

[2]　刘知幾：《史通·惑经》，浦起龙《史通通释》，第 381 页。

居，古左右史。书人君言事，且记善恶，以为鉴诫，庶几人主不为非法。不闻帝王躬自观史。”唐太宗又说：“朕有不善，卿必记之邪？”褚遂良说：“守道不如守官，臣职当载笔，君举必记。”[1] 史官杜正伦也对唐太宗说过：“君举必书，言存左史。臣职当修起居注，不敢不尽愚直。”[2] 还有，唐代史官刘允济说：“史官善恶必书，言成轨范，使骄主贼臣，有所知惧。此亦权重，理合贫而乐道也。昔班生受金，陈寿求米，仆视之如浮云耳。但百僚善恶必书，足为千载不朽之美谈，岂不盛哉！”[3] 吴兢修《则天实录》，不为人情权势所动，坚持直书，为人称赞：“昔者董狐之良史，即今是焉。”[4] 这些事例都说明，中国的史官，非常明确自己的神圣使命，那就是要“秉笔直书，善恶必记”。

中国史家具有强烈的社会责任感，司马氏父子的对话很典型地反映出这一点。司马谈临终前对其子司马迁说：“……自获麟以来四百有余岁，而诸侯相兼，

---

[1] 刘昫：《旧唐书》卷 80《褚遂良传》，第 2730 页。

[2] 刘昫：《旧唐书》卷 70《杜正伦传》，第 2542 页。

[3] 王溥编《唐会要》卷 63《修史官》，第 1298 页。

[4] 王溥编《唐会要》卷 64《史馆杂录下》，第 1306 页。

史记放绝。今汉兴，海内一统，明主贤君忠臣死义之士，余为太史而弗论载，废天下之史文，余甚惧焉，汝其念哉！”司马迁接受父亲临终嘱托，说：“小子不敏，请悉论先人所次旧闻，弗敢阙。”[1]他在回答壶遂对他的问难时，同样表达了他对史学事业的神圣使命感，说：“余尝掌其官，废明圣盛德不载，灭功臣世家贤大夫之业不述，堕先人所言，罪莫大焉。”[2]司马迁因为李陵辩护，遭受腐刑，他之所以选择了忍辱苟活，就是为了要完成《史记》，是史家的神圣使命感给了他生活下去的勇气。《史记》文直、事核，“不虚美，不隐恶，故谓之实录”，千百年来，为人们所称颂。

秉笔直书、善恶必记，是中国古代史学的一个优良传统。所谓“宁为兰摧玉折，不作瓦砾长存”[3]，这正是中国古代史家直笔精神的光辉写照。

[1] 司马迁：《史记》卷130《太史公自序》，第3295页。

[2] 司马迁：《史记》卷130《太史公自序》，第3299页。

[3] 刘知幾：《史通·直书》，浦起龙《史通通释》，第180页。

第二节 从“书法无隐”到“史德”

先秦时，孔子称赞晋太史董狐“书法不隐”(《左传》宣公二年)。又《左传》襄公十四年载，齐太史书“崔杼弑其君”。为此，齐太史兄弟三人被杀，南史氏不顾生死，继续执简前往。太史这种不怕牺牲、维护史之“书法”的精神为后世所称赞，对中国优秀史学传统的形成产生了重要影响。从《左传》对这两个事件的记载看，所谓的“书法不隐”，与后世讲的据事直书，即事实是什么样就写成什么样还不完全是一回事。实际上，赵盾并未杀国君，是赵穿杀的。因此，孔子所讲的“书法”，实际是为了维护礼法而产生的一种撰写史书的原则。其依据是周礼，其功能是以“正名分”来维护“礼法”。先秦史官世董典籍，掌书王命。他们习知天文历法、各种礼法制度及其由来，在当时的重大典礼活动如即位、朝聘、策命、盟会、祭祀中，有时充当主持人的角色。他们有维护礼法的职责。他们采用的对事情和人物的评判都是以周礼为标准。当然，书法不隐，包含求真的成分。《左传》庄公二十二年：

鲁庄公“如齐观社”，曹刿谏曰：“君举必书，书而不法，后世何观？”可见，史家记事的书法与据实而书，既有一定的区别，又有密切的联系。随着时代的变化，后世史家继承了“书法不隐”的求真因素，提出“直书”“实录”的概念。

汉代班彪、班固父子评论司马迁“其文直，其事核，不虚美，不隐恶，故谓之实录”，[1]出现了“文直”“实录”。杜预在《春秋经传集解序》说，《左传》释《春秋》有五例，其中第四则为“尽而不汙，直书其事，具文见意”。[2]出现了“直书”。所谓“文直”“直书”，都有如实书写的意思。魏晋南北朝时期，政权更迭频繁，民族矛盾尖锐，门阀观念浓厚，史学上的“曲笔”“虚美”现象严重，这时，史学批评以先秦时期的董狐、齐太史、南史氏为楷模，抨击史学坏风气，使直书具有新的含义。如南齐之崔祖思上书论修史说：“今者著作之官，起居而已，述事之徒，褒谀为体。世无董狐，书法必隐，时阙南史，直笔未闻。”[3]这里的直书，就不仅具有“实

[1]　班固：《汉书》卷62《司马迁传》，第2738页。

[2]　《十三经注疏》（下），第1706页。

[3]　萧子显：《南齐书》卷28《崔祖思传》，中华书局，1972年版，第520页。

录”之意，而且包含史家不屈于权势的刚直不阿的品质，是史学正气的代名词。至隋唐时，直书就作为一个史学理论的问题被提出来了。刘知幾撰《史通》，有“直书”“曲笔”两篇，概述了过去史学发展中的两种作史态度的对立、直笔曲笔的表现形式，对两种作史态度产生的根源进行了分析。他还把直笔和曲笔的问题上升到“道”和“德”的高度，说“夫人禀五常，士兼百行，邪正有别，曲直不同。若邪曲者，人之所贱，而小人之道也；正直者，人之所贵，而君子之德也”。[1] 他提出的史家三长论，其中之“史识”指“好是正直，善恶必书，使骄主贼臣所以知惧”，含有道德方面的修养之意，也就是说，史家要有一种正直勇敢、坚持“真理”的精神，敢于“善恶必书”，要“爱而知其丑，憎而知其善，善恶必书，斯为实录”，[2] 批评某些史家不能“兼善”“忘私”。由此看来，刘知幾对“直笔”的论述，也包含“史德”的内容，只是他还没有把它自觉地明确起来。

刘知幾认为，不畏强暴的实录精神最为可贵，说：

[1] 刘知幾：《史通·直书》，浦起龙《史通通释》，第 179 页。

[2] 刘知幾：《史通·惑经》，浦起龙《史通通释》，第 374 页。

“善恶必书，斯为实录”，他把史家分为三等：“彰善贬恶，不避强御，若晋之董狐，齐之南史，此其上也。编次勒成，郁为不朽，若鲁之丘明，汉之子长，此其次也。高才博学，名重一时，若周之史佚，楚之倚相，此其下也。苟三者并阙，复何为者哉？”[1] 这样的分类，虽未必恰当，但可以看出，刘知幾对直书的重视程度，他把直书与实现史学的功能直接结合起来了。“直书”的提出，反映了史家在主体意识方面的增强。

关于直书，唐代中叶还引发了韩愈与柳宗元的一场讨论，韩愈认为做史官是很危险的事，说：

> 愚以为凡史氏褒贬大法，《春秋》已备之矣。后之作者，在据事迹实录，则善恶自见，然此尚非浅陋偷惰者所能就，况褒贬邪？孔子圣人作《春秋》，辱于鲁、卫、陈、宋、齐、楚，卒不遇而死；齐太史氏兄弟几尽；左丘明纪春秋时事以失明；司马迁作《史记》刑诛；班固瘐死；陈寿起又废，卒亦无所至；王隐谤退死家；习凿齿无一足；

[1] 刘知幾：《史通·辨职》，浦起龙《史通通释》，第261—262页。

> 崔浩、范晔赤诛；魏收夭绝；宋孝王诛死；足下所称吴兢，亦不闻身贵而令其后有闻也。夫为史者，不有人祸，则有天刑，岂可不畏惧而轻为之哉！[1]

韩愈列举的历史上史家因写史书而遭祸的事例虽然不尽合乎事实，但也确实说明了撰著史书特别是做一个正直史学家的艰难。

而柳宗元一方面辩驳了韩愈所言之不实，一方面又认为，即使是像韩愈所讲的那样，作为一个史学家，也依然应该坚持史家的"直道"，而不应该临危退缩。他说：

> 言"不有人祸，则有天刑"。若以罪夫前古之为史者，然亦甚惑。凡居其位思直其道，道苟直，虽死不可回也；如回之，莫如亟去其位。孔子之困于鲁、卫、陈、宋、蔡、齐、楚者，其时暗，诸侯不能行也。其不遇而死，不以作《春秋》故也。

[1] 韩愈：《韩昌黎全集》外集卷2《答刘秀才论史书》，中国书店，1991年版，第487页。

当其时，虽不作《春秋》，孔子犹不遇而死也。若周公、史佚，虽纪言书事，犹遇且显也。又不得以《春秋》为孔子累。范晔悖乱，虽不为史，其宗族亦赤。司马迁触天子喜怒，班固不检下，崔浩沽其直以斗暴虏，皆非中道。左丘明以疾盲，出于不幸。子夏不为史亦盲，不可以是为戒。其余皆不出此。是退之宜守中道不忘其直，无以他事自恐。退之之恐，唯在不直、不得中道，刑祸非所恐也。[1]

柳宗元对“直书”的这番议论，其思想境界显然要比韩愈高得多，将“直书”精神又向前推进了一步，对宋元明清史学家关于直书的讨论都产生了重要的影响。

书法无隐、直书，总的来看，着眼点还是讲的史家的笔法，虽含有道德修养之意，但毕竟不够清晰，直到清代章学诚，才明确地提出“史德”，他说：“才、学、识三者，得一不易，而兼三尤难，千古多文人而

[1] 柳宗元:《柳河东集》卷 31《与韩愈论史官书》，上海人民出版社，1974 年版，第 499 页。

少良史，职是故也。”“记诵以为学也，辞采以为才也，击断以为识也，非良史之才、学、识也。虽刘氏之所谓才、学、识，犹未足以尽其理也。”“能具史识者，必知史德。德者何？谓著书者之心术也。”[1] 史德是什么？就是著书者的心术。心术端正不端正、公平不公平，是史德的具体表现。那么怎样做到这一点呢？章氏说：“盖欲为良史者，当慎辨于天人之际，尽其天而不益以人也。尽其天而不益以人，虽未能至，苟允知之，亦足以称著书者之心术矣。”[2] 这里章氏似乎已触及了历史认识的主客体关系问题。天，指历史的本体，即历史认识的对象；人，指人的主观认识。就是说，要使人的主观认识尽量符合客观历史实际，而不是相反。这样做，即使不能完全达到，也是尽到了史家的职责，也是良好史德的表现。为此，他还提出了“气”“情”“性”等认识论要素，认为史家要尽到“史德”，必须在这几个方面加强修养，即“气贵于平”“情贵于正”。如果“气失”，则宕，则激，则骄；而“情失”，则流，则溺，

[1] 章学诚：《文史通义 · 史德》，《章学诚遗书》，第 40 页。

[2] 章学诚：《文史通义·史德》，《章学诚遗书》，第 40 页。按：叶瑛《文史通义校注》本此处“著书”为“著述”。

则偏，其文辞就会“害义而违道”。此外，他还提出“临文主敬”“论古必恕”“知人论世”等评价历史的具体方法，对史德的论述，可谓臻于完整。

从强调书法无隐、直书到提出“史德”，表明在历史认识活动中，人们愈来愈重视史家的主导地位。后者是从前者发展来的，是前者的一个飞跃，反映了儒家史学理论在历史认识论方面的发展。在这个飞跃过程中，除了刘知幾的《史通》含有史家道德的论述外，其他一些论述也值得关注。如刘勰在《文心雕龙·史传》篇提出“素心”说：“析理居正，唯素心乎！”这是说，只有心境平和、无私心杂念，对事理的认识才能够正确。与章学诚对“气”“情”的论述颇有相通之处，可惜此思想火花仅仅在这里一闪，瞬间即逝。明代胡应麟有“公心”之论：“才、学、识三长足尽史乎？未也。有公心焉、直笔焉，五者兼之，仲尼是也。董狐、南史制作亡征，维公与直庶几尽矣。秦汉而下，三长不乏，二善靡闻。左、马恢恢，差无异说；班书、陈志，金粟交关；沈传、裴略，家门互易。史乎，史乎！”[1]

[1]　胡应麟：《少室山房笔丛》，第127—128页。

胡氏对刘氏的史才三长说尚不满意，于是又加了“公心”“直笔”。这里显然对刘知幾的史才三长论没有全面理解，可胡应麟把“公心”专门提出来，说明他认识到史家在写历史时有主观因素的干扰，这比刘知幾说的“好事正直，善恶必书”，具体得多了，在史学理论上是一个前进。

第三节　直书与名教

中国史学强调直书，把“直书”上升到能否实现史学的价值以及史家道德品质评价的高度。这种对直书的强调，是儒家思想在中国史学中的反映，而“直书”也被深深地打上了儒学的烙印。

直书与“名教”，是中国传统史学的一个矛盾问题。在直书和曲笔的问题上，中国史学的态度是极其明确的。但在遇到直书和儒家所倡导的名教发生矛盾时，直书就面临一种进退维谷的处境。在这种情况下，直书要服从名教。刘知幾说：“史氏有事涉君亲，必言多隐讳，虽直道不足，而名教存焉。”[1]何谓“名教”？名教就是孔子所说的“君君、臣臣、父父、子子”。以后汉儒又把它具体为“君为臣纲，父为子纲，夫为妻纲”。儒家认为，这种关系是天然的、固定不变的，是圣人根据自然之理而制定的，名教的核心是君臣父子。袁宏说：“夫君臣父子，名教之本也。然则名教之作，何为者也？盖准天地之性，求之自然之理，拟议以制其名，因循以弘其数，辩物成器，以通天下之务者也。是以高下莫尚于天地，故贵贱拟斯以辩物；尊卑莫大于父子，故君臣象兹以成器。”[2]刘知幾认为，史家“直书”，目的是要达到“劝诫”、树风之效，是为了“激扬名教”。他说：“史之为务，申以劝诫，树之风声。其有贼臣逆子，淫君乱主，苟直书其事，不掩其瑕，则秽迹彰于一朝，恶名被于千载。”[3]他之所以对某些曲笔进行批判，是因为这样的曲笔不能“激扬名教，以劝事君”，于是他感叹道：“古之书事也，令贼臣逆子惧；今之书事也，使忠臣义士羞。若使南、董有灵，

[1] 刘知幾：《史通·曲笔》，浦起龙《史通通释》，第182—183页。

[2] 袁宏：《后汉纪》卷26《孝献皇帝纪》，《两汉纪》下册，第509页。

[3] 刘知幾：《史通·直书》，浦起龙《史通通释》，第179页。

必切齿于九泉之下矣。”[1]这说明，刘知幾把是否遵循“名教”原则，视为史学批评的更为重要的原则。在刘知幾看来，“直书”意味着史家个人的一种为史之德，而“名教”是封建礼法，是社会的根本大法，个人的这种写史的道德，要服从社会的根本礼法。因此，直书必须服从名教。维护名教的曲笔，不是他所鞭笞的“曲笔”，反而是一种“直”的表现。他说：“盖‘子为父隐，直在其中’，《论语》之顺也。”[2]他在《杂说下》对这一点似乎说得更明白：“夫所谓直笔者，不掩恶，不虚美，书之有益于褒贬，不书无损于劝诫。但举其宏纲，存其大体而已。非谓丝毫必录，琐细无遗者也。”[3]这是说，所谓的“直笔”，即所谓“不掩恶，不虚美”，最终的落脚点是“举其宏纲”，即该书者书，不该书者不书，“书之有益于褒贬，不书无损于劝诫”。

在《序传》篇中，他就是以这一观点来解释“实录”，来批评司马相如和王充的。他说：“然自叙之为义也，苟能隐己之短，称其所长，斯言不谬，即为实

[1] 刘知幾：《史通·曲笔》，浦起龙《史通通释》，第185页。

[2] 刘知幾：《史通·曲笔》，浦起龙《史通通释》，第182页。

[3] 刘知幾：《史通·杂说下》，浦起龙《史通通释》，第493—494页。

录。”[1] 他说司马相如在自序中把“窃妻卓氏”也叙述出来，“虽事或非虚，而理无可取”；王充在《论衡》的自纪中，“述其父祖不肖，为州闾所鄙”，只能“厚辱其先，此何异证父攘羊，学子名母？必责以名教，实三千之罪人也”。[2] “不知则阙，亦何伤乎？”[3] 由于坚持“名教”思想，刘知幾在一些史学批评中显得十分迂腐，如他批评《史记》不应当为项羽立本纪，不当为陈涉作世家。他的史学变通主张往往为他的义例思想所窒息。

章学诚在论述“史德”的时候，也涉及“名教”。他说史德就是著史者之心术，并从逻辑上说明怎样才能“足以称著述者之心术”。他的论述带有明显的心学色彩，当然也就更富有理论性。他认为“好善恶恶之心，惧其似之而非，故贵平日有所养也”。如何养心，其依据就是“不背于名教”。他还牵强地列举出一些理由，说明司马迁的《史记》如何“深于《诗》”，如何“不背于名教”，将《史记》中的史学批判精神，以不背于

[1] 刘知幾:《史通·序传》，浦起龙《史通通释》，第 238 页。

[2] 刘知幾:《史通·序传》，浦起龙《史通通释》，第 239 页。

[3] 刘知幾:《史通·序传》，浦起龙《史通通释》，第 240 页。

名教的评价予以掩盖，与刘知幾敢于肯定“司马迁之述汉非”相比，章氏在名教问题上显得更加固守。章氏强调史义，把所谓的才、学、识都统一到史义中来，而其史义却不能越出孔子所说的“其义则丘窃取之也”之“义”。可见，章学诚的“史德”论也没有摆脱名教观的局限。

直书与“名教”的这种矛盾，是难以调和的。尽管刘知幾、章学诚极力想把直书和名教统一起来，可还是掩饰不住他们在这个问题上的迷惑。刘知幾的《疑古》《惑经》，实际上就是这种迷惑的表露。他批评《尚书》“理有难晓”、前后矛盾，批评《春秋》多有“未谕”和“虚美”之处，“真伪莫分，是非相乱”[1]，“事无大小，苟涉嫌疑，动称耻讳，厚诬来世”[2]，还有“一褒一贬，时有弛张；或言或革，曾无定体”，等等。他还对孔子修《春秋》为贤者讳的书法进行了批评，说：“观夫子修《春秋》也，多为贤者讳。狄实灭卫，因桓耻而不书；河阳召王，成文美而称狩。斯则情兼向背，志怀彼我。苟书法其如是也，岂不使为人君者，靡惮宪章，虽玷

[1] 刘知幾:《史通·惑经》，浦起龙《史通通释》，第381页。

[2] 刘知幾:《史通·惑经》，浦起龙《史通通释》，第377页。

白圭，无惭良史也乎？”[1]

刘知幾以镜子照物、空谷传音为例，来说明实录，表现了彻底的直书精神：“盖明镜之照物也，妍媸必露，不以毛嫱之面或有疵瑕，而寝其鉴也；虚空之传响也，清浊必闻，不以绵驹之歌时有误曲，而辍其应也。夫史官执简，宜类于斯。苟爱而知其丑，憎而知其善，善恶必书，斯为实录。”[2]但这种精神，在《史通》中毕竟是次要的。中国传统史学的直书，从理论上似乎未曾突破名教的藩篱。

直书和名教是难以完全一致的，直书在名教的怪圈内打转，就不可能是彻底意义上的直书。在中国封建社会后期，虽然史学家们没有放弃宣传名教，但从史学方法上，却在不断冲击着名教的桎梏，在倡导直书的时候，自觉不自觉地把名教抛在了一边。李贽，这位被正统儒者称为“叛逆”的思想家，勇敢地提出，不能“咸以孔子之是非为是非”，“昨日是而今日非矣，

[1] 刘知幾：《史通·惑经》，浦起龙《史通通释》，第374页。

[2] 刘知幾：《史通·惑经》，浦起龙《史通通释》，第374页。

今日非而后日又是矣”[1]，向“名教”发起了挑战。顾炎武，这位明末清初的大学者，在政治思想上有着浓厚的名教观念，但在史学方法上，却能摆脱名教的影响。他认为撰史要在历史资料上下功夫，“采铜于山”，获取第一手资料；对于不能断定真伪又相互矛盾的资料，应“两造异同之论，一切存之”[2]；要以求信为原则，“信则书之，疑则阙之”[3]；要据事直书，以公允之心对待史料，而反对“褊心之辈，谬加笔削”[4]。顾氏的治学方法对清代学术影响很大，清代不少大学者都主张直录其事、不事褒贬，在一定意义上是对名教干预史学的抗议。

可见，中国传统史学的“直书”，在封建社会后期，也在悄悄地向着突破名教的方向努力。

---

[1] 李贽：《藏书世纪列传总目前论》，《李贽全集注·藏书注》卷首，第1页。

[2] 《亭林文集》卷4《与次耕书》，顾炎武著，华忱之点校《顾亭林诗文集》，第80页。

[3] 顾炎武：《日知录》卷4《所见异辞》，《顾炎武全集》第18册，第209页。

[4] 顾炎武：《日知录》卷18《三朝要典》，《顾炎武全集》第19册，第710页。

第八章　史学二重性论

第一节　“子不语怪、力、乱、神”：人本主义史学传统的奠定

儒家史学的特质是人本主义史学，它关怀的是人，它关注的问题是国家、社会的治乱兴衰等问题。儒家的人本主义史学传统是儒家的思想体系所决定的，其创始人孔子，即为这种史学特质的形成奠定了基础。

孔子讲求实际，重视现实，对于迷信、虚妄、怪诞，他不感兴趣。《论语》载有许多孔子这方面的言论。如《述而》篇：“子不语怪，力，乱，神。”[1]意思是说孔子

[1] 《论语·述而》，杨伯峻译注《论语译注》，第72页。

不谈论怪异、勇力、叛乱和鬼神之类的话题。他的弟子子贡说:“夫子之文章，可得而闻也；夫子之言性与天道，不可得而闻也。”[1] 意思是说，孔子关于文献方面的学问，能够听到，而关于人性和天道的言论，则不能够听到。不能听到，说明孔子在弟子面前没有谈论过。这很能证明“子不语怪，力，乱，神”之不虚。季路与孔子的对话，也可以进一步证实这一点:“季路问事鬼神。子曰:‘未能事人，焉能事鬼？’曰:‘敢问死。’曰:‘未知生，焉知死？’”[2] 这是对鬼神之论的漠视，孔子关心的是人世间的事，与佛教宣扬生死轮回、死后进天堂或入地狱的说教有很大的不同。他所重视的是“民、食、丧、祭”。[3]“樊迟问知。子曰:‘务民之义，敬鬼神而远之，可谓知矣。’”[4] 就是说要在人事上下功夫，对鬼神不可不信，但不能依靠，认为这样可以说是智了。“敬鬼神而远之”，表明孔子虽然没有否定鬼神的存在，但很少从正面说明鬼神的存在。他说的天，

---

[1] 《论语·公冶长》，杨伯峻译注《论语译注》，第 46 页。

[2] 《论语·先进》，杨伯峻译注《论语译注》，第 113 页。

[3] 《论语·尧曰》，杨伯峻译注《论语译注》，第 209 页。

[4] 《论语·雍也》，杨伯峻译注《论语译注》，第 61 页。

很多情况是指的自然的天，有时是一种超自然的决定人们命运的力量。在评论历史问题、社会问题时，他更注重的是人的因素："子言卫灵公之无道也，康子曰：'夫如是，奚而不丧？'孔子曰：'仲叔圉治宾客，祝鮀治宗庙，王孙贾治军旅。夫如是，奚其丧？'"[1]这是说，卫灵公虽然无道，但由于有仲叔圉、祝鮀、王孙贾等人的辅佐，卫国并没有败亡。在孔子看来，一国的兴衰，还是由人事决定的，卫国之所以没有灭亡，是因为还有贤人主政。由此可见，孔子认识历史，理性精神占主导，对自己不了解不能够说清楚的则不妄加评说。所谓的"畏天命，畏大人"，并非真的承认天命的存在，主要是表示阙疑或存而不论的态度。孔子是不迷信的，庄子说："六合之外，圣人存而不论。"[2]《春秋》着重记载人事，它记水、旱、雪、霜、地震等自然灾害等，都是作为与人事有关的自然现象来处理的。即使偶尔记载一下奇异的现象，也是"纪异而说

[1] 《论语·宪问》，杨伯峻译注《论语译注》，第152页。

[2] 《庄子·齐物论》，郭庆藩撰，王孝鱼点校《庄子集释》，中华书局，2016年版，第90页。

不书”。[1]“《春秋》经世先王之志，圣人议而不辩。”[2]

《春秋》对人事的记载，注意惩恶劝善。孟子说：“世衰道微，邪说暴行有作，臣弑其君者有之，子弑其父者有之。孔子惧，作《春秋》。”“孔子成《春秋》而乱臣贼子惧。”[3]不仅如此，《春秋》也注意总结得失成败。《史记》评论《春秋》“王道备，人事浃”[4]，“《春秋》文成数万，其指数千。万物之散聚皆在《春秋》。《春秋》之中，弑君三十六，亡国五十二，诸侯奔走不得保其社稷者不可胜数”。所以，司马迁说，为国者“不可以不知《春秋》”，为人臣者“不可以不知《春秋》”。[5]司马迁也正是这样继承了孔子的人本主义史学精神来撰著《史记》的。他要“述往事，思来者”[6]。他具有自觉的历史意识和史学发展意识，认为写作历史，就是为现在和未来的人提供经验教训。他还认识到，因为古今的具体的历史形势不同，历史经验不能照搬：“居今

[1] 司马迁：《史记》卷 27《天官书》，第 1343 页。

[2] 《庄子·齐物论》，郭大藩撰，王孝鱼点校《庄子集释》，第 90 页。

[3] 《孟子·滕文公下》，杨伯峻译注《孟子译注》，第 155 页。

[4] 司马迁：《史记》卷 14《十二诸侯年表》，第 509 页。

[5] 司马迁：《史记》卷 130《太史公自序》，第 3297—3298 页。

[6] 司马迁：《史记》卷 130《太史公自序》，第 3300 页。

之世，志古之道，所以自镜也，未必尽同。帝王者各殊礼而异务，要以成功为统纪，岂可緄乎？”[1]《史记》中具有丰富的唯物主义的思想因素，如它揭示人们的行为动机来自对物质利益的追求，“天下熙熙，皆为利来；天下壤壤，皆为利往”。[2]他引用管子的话说人们的道德水平及个人修养为物质条件所制约，“‘仓廪实而知礼节，衣食足而知荣辱。’礼生于有而废于无”。[3]这些深刻的思想对此后的中国史学产生了重要的影响，使史家在探讨历史变化的原因时，一直把关注的重点放在世俗的现实社会中。班固写《汉书》，宣扬汉绍尧运，并构建出刘氏政权的神授体系，颇有神学之说教，但剥去这一神学的外壳，《汉书》还是充满人文主义精神，班固对《汉书》的总结，说明了《汉书》的记述范围和治史旨趣。他说：“凡《汉书》，叙帝皇，列官司，建侯王。准天地，统阴阳，阐元极，步三光。分州域，物土疆，穷人理，该万方。纬《六经》，缀道纲，总百氏，赞篇章。函雅故，通古今，正文字，惟

[1] 司马迁：《史记》卷 18《高祖功臣侯者年表》，第 878 页。

[2] 司马迁：《史记》卷 129《货殖列传》，第 3256 页。

[3] 司马迁：《史记》卷 129《货殖列传》，第 3255 页。

学林。”[1]说明主要记载政治活动和社会生活的各个方面，而对于当时影响很大的谶纬则避而不谈。他把孔子作为学者来看待，与谶纬把孔子说成巫师神异之人的做法在学风上是根本对立的。《汉书》继承了《史记》的实录精神，较完整地记载了西汉一代之历史，进一步确立了中国史学的优良传统。刘勰在《文心雕龙·史传》篇说：“史之为任，乃弥纶一代，负海内之责，而赢是非之尤，秉笔荷担，莫此之劳。”[2]刘勰给史学赋予伟大的使命，一代之命运，操之于史书。刘知幾总结史学的得失，把史学的功用说得更加具体：“史之为用，其利甚博，乃生人之急务，为国家之要道。”[3]也就是说，历史学的功用无论对个人还是对国家都是不可或缺的，它为社会带来的益处是极其广泛的。北宋思想家张载说：“为天地立心，为生民立命，为往圣继绝学，为万世开太平。”[4]这几句话很能反映儒家史学的价值观。在繁富的儒家史学著作中，字里行间都洋

[1] 班固：《汉书》卷100下《叙传下》，第4271页。

[2] 刘勰：《文心雕龙·史传》，周振甫注《文心雕龙注释》，第172页。

[3] 刘知幾：《史通·史官建置》，浦起龙《史通通释》，第281页。

[4] 张载：《张横渠集》卷12《近思录拾遗》，商务印书馆，1936年版，第168页。

溢着儒家经邦济世、为民立命、为万世开太平的远大理想。王夫之尊崇张载，对之评价说："张子之学，上承孔孟之志，下救来兹之失，如皎日丽天，无幽不烛，圣人复起，未有能易焉者也。"[1]的确，儒家史学的出发点是人、社会、国家，归宿点也是人、社会、国家。"天行健，君子以自强不息"；[2]"发愤忘食，乐以忘忧，不知老之将至云尔"。[3]这些都是儒家史学家乐观向上、百折不挠人生观的写照。儒家积极入世的人生态度在其史著中充分体现。杜维运在把中国古代史学与西方古代史学进行对比之后，说："中国的历史记载，全是人事的记载，偶而涉及天命，也是人事的写照……史学家'上明三王之道，下辨人事之纪'，史学家也时刻不忘'究天人之际，通古今之变，成一家之言'。这种历史的人文主义（historical humanism），弥漫了中国的古代，于是人文主义的史学，变成中国古代史学的一大特色。"[4]杜氏的论断，准确地抓住了中国史学的基

---

[1] 王夫之：《张子正蒙注 · 序论》，中华书局，1975年版，第3页。

[2]《周易 · 乾 · 象曰》，《十三经注疏》（上），第14页。

[3]《论语 · 述而》，杨伯峻译注《论语译注》，第71页。

[4] 杜维运：《中西古代史学比较》，第131页。

本特征。

中国史学的指导思想，以儒家理念为主导；中国史学的人文主义特征，体现了儒家史学的治史精神。

第二节　神学史观与反神学史观

神学史观在儒家史学中也有表现，但情况比较复杂。说情况比较复杂，是因为不同时期，在不同的史学家那里，神学史观的表现形式都有所不同；即使在同一位史学家的著作里，也会既有运用神学史观说明历史问题的情况，也有摆脱神学史观的情况。总的来看，神学史观在儒家史学中并不占主导地位，而且神学史观总要受到同时代或以后史学家的抵制和批判。

在中国史学史上，董仲舒的神学史观是比较典型的。他把儒学和阴阳五行学说相结合，提出“天人感应”的理论。董氏将《春秋》所记的天变灾异加以附会，说这些都是天有目的、有意识地向人间表示喜怒或警告或进行惩罚：“《春秋》之所讥，灾害之所加也；《春秋》之所恶，怪异之所施也。书邦家之过，兼灾异之变”；[1]“小者谓之灾。灾先常至而异乃随之。灾者，天之谴也；异者，天之威也。谴之而不知，乃畏之以威”。“凡灾异之本，尽生于国家之失，国家之失，乃始于萌芽，而天出灾害以谴告之，谴告之而不知变，乃见怪异以惊骇之，惊骇之尚不知畏恐，其殃咎乃至。”[2]他还以阴阳解释“三纲”：“君臣、父子、夫妇之义，皆取诸阴阳之道。”“王道之三纲，可求于天。”[3]董仲舒的“天人感应论”具有两面性。一方面，他宣扬了神学史观，将儒家倡导的伦理道德教条化、神秘化，把被统治者受压迫和奴役说成是天意的安排，被统治者应该无条件地服从；另一方面，他的这套理论对统治者也是一种约束和威慑，即统治者也不能肆无忌惮、为所欲为，否则天将以灾异谴告之。汉武帝在文化上采取“罢黜百家，独尊儒术”的政策后，董仲舒的理论受到最高统治者的赞赏，为统治者所提倡。在学术界，夏侯胜、京房、刘向、翼奉、李寻等人继承了董

[1] 班固：《汉书》卷56《董仲舒传》，第2515页。

[2] 董仲舒：《春秋繁露·必仁且智》，苏舆撰，钟哲点校《春秋繁露义证》，第253页。

[3] 董仲舒：《春秋繁露·基义》，苏舆撰，钟哲点校《春秋繁露义证》，第344页。

仲舒的理论，并通过师承传授，扩大了影响。

西汉后期，儒臣以灾异言政事成为风气；专权的宦官、外戚集团也引灾异争权夺利；皇帝经常由于“灾异”下诏让臣下议政，有时还因灾异而更换大臣。董仲舒的天人感应理论对国家的政治生活产生了极大的影响。儒学与皇权政治开始密切结合。在文化上采取独尊儒术的专制政策，皇帝也加入到讲经的行列，如汉宣帝亲自讲经于石渠阁，“诏诸儒讲五经同异。太子太傅萧望之等平奏其议，上案称制临决焉”，开了皇帝亲自对经义异同作出裁决的先例。东汉明帝于永平十五年（公元72年）在辟雍亲自讲五经章句。章帝于建初四年（公元79年）召诸儒于白虎观，讲议五经同异，“帝亲称制临决”，如宣帝石渠阁故事。会后，章帝命班固作《白虎通德论》一书，这是一部钦定的哲学、神学、经义的法典。

两汉之际，谶纬泛滥。谶又称图谶、谶记，是一种神秘性的预言，大概起源很早。秦始皇时即有“亡秦者胡”的说法。纬指纬书，是对经书的解释，且把这种解释托于孔子，虽然其中包含某些有关天文、历法的知识，但更多的是神学迷信的东西。谶与纬结合在一起，曰图谶。图谶的产生与社会矛盾的尖锐、统治危机的加深有密切的关系。西汉成帝时，齐人甘忠可诈造《天官历》《包元太平经》，内有预言："汉家逢天地之大终，当更受命于天，天帝使真人赤精子，下教我此道。"[1] 意思是此精子下凡传达天意，汉家要再受命，要有新人当皇帝。王莽废汉自立，大量地利用图谶制造舆论根据。刘秀在剪平诸雄、夺得帝位的过程中，也是不断利用图谶，神化自己。在登上帝位时又精心地炮制谶言："刘秀发兵捕不道，卯金修德为天子"，[2] 意思是说刘秀称帝是天意的安排。建武三十二年（公元 56 年），光武帝"宣布图谶于天下"，称"图谶"为"经谶"，使图谶取得与儒家经典相同的地位。东汉初期，图谶深深地影响着国家的政治生活，如大臣的任命、皇帝功德的论定，都要取决于图谶。图谶还与儒家经典相结合，使这时的儒学也打上了图谶的痕迹，东汉章帝亲自裁定的《白虎通义》，把儒家经书的说法与图谶杂糅在一起。这一时期，也有对图谶表示怀疑和反对的，但都遭到打击。如郑兴说自己不信谶，遭

[1] 班固：《汉书》卷 75《李寻传》，第 3192 页。

[2] 范晔：《后汉书》卷 1 上《光武帝纪》，第 22 页。

到光武帝的斥责。尹敏说:“谶书非圣人所作,其中多近鄙别字,颇类世俗之赐,恐疑误后生。”光武帝“深非之,虽竟不罪,而亦以此沈滞”。[1]桓谭在光武帝前“极言谶之非经”,光武帝大怒,说“桓谭非圣无法,将下斩之”。桓谭“叩头流血,良久乃得解”。[2]

王充也是反对图谶的,他说“孔子将死,遗谶书,曰:‘不知何一男子,自谓秦始皇,上我之堂,踞我之床,颠倒我衣裳,至沙丘而亡。’”[3]之类,都是不可相信的,说:“此皆虚也”,“谶书秘文,远见未然,空虚暗昧,豫睹未有,达闻暂见,卓谲怪神,若非庸口所能言”。[4]但王充在《论衡》中也有多处讲到光武帝、明帝、章帝时的祥瑞,表明这位古代著名的唯物主义思想家也受到当时盛行的迷信之影响。

儒学一旦与封建皇权结合紧密,就往往成为维护封建皇权的工具,求真求实为趋炎附势、造假虚妄所取代,儒学自身的学术价值受到极大的损害。谶纬迷

[1] 范晔:《后汉书》卷79上《尹敏传》,第2558页。

[2] 范晔:《后汉书》卷28上《桓谭传》,第961页。

[3] 王充:《论衡·实知》,黄晖撰《论衡校释》,中华书局,2018年版,第931页。

[4] 王充:《论衡·实知》,黄晖撰《论衡校释》,第934页。

信之类，不是儒学因为整个社会认识水平的局限而出现的错误认识，而是由于统治集团的需要，一些儒生为了迎合时尚而有意杜撰出来的，它不能代表儒学的正宗，充其量是儒学的旁道邪门。在史学上，谶纬迷信、灾异之论总是受到真正继承孔子史学思想的正直史家的批判。

刘知幾在《史通》中对五行学说进行了批驳。自董仲舒、刘向刘歆父子以阴阳五行解释历史，班固在《汉书》中又撰《五行志》，总集各家之说，开了史书写“五行志”的先例。以后不少纪传体史书都设置“五行志”，在客观上起到了宣扬灾异迷信的作用。《史通》中有专论《五行志错误》《五行志杂驳》，用文献学的方法揭露了《五行志》对灾祥征应的牵强附会，指出《五行志》的论点与所用以说明的史事是互相矛盾的，认为以五行去解释历史是缺乏可靠的根据的。他反对天命史观，说“五行灾异”是“诡妄”之论[1]，“祥瑞符命”是“欺惑”之说，主张“夫论成败者，固当以人事为主，必推命而言，则其理悖矣”。[2]

[1]　刘知幾:《史通·书志》，浦起龙《史通通释》，第 61 页。

[2]　刘知幾:《史通·杂说上》，浦起龙《史通通释》，第 433 页。

欧阳修也对灾祥说作了批判，他谴责董仲舒和刘向、刘歆父子宣扬五行灾异说是一种离经叛道的行为：“盖自汉儒董仲舒，刘向与其子歆之徒，皆以《春秋》《洪范》为学，而失圣人之本意。至其不通也，父子之言自相戾，可胜叹哉！”[1]他还上书宋朝廷，建议召集名儒重新审定孔颖达、贾公彦、杨士勋等的九经义疏，清除其中的谶纬邪说，以维护儒经的纯洁性。[2]他反对某些史家“举天地万物动植，无大小，皆推其类而附之于五物，曰五行之属”。[3]他说《春秋》记“灾异而不著其事应，盖慎之也”，认为这是编纂史书的好范例，而不赞成后世史家“曲说以妄意天”。他自己著史恪守《春秋》天人分记之法，在本纪中只述人事，自然灾害现象则归入《五行志·司天考》。

司马光认为，读书行事应当“直取其合人情物理，目前可用者从之。前贤高奇之论，皆如面墙”。他对于历史上各种阴阳术数、宗教鬼神等不合理的事情，

[1] 欧阳修、宋祁：《新唐书》卷34《五行志》，中华书局，1975年版，第872页。

[2] 欧阳修：《论删去〈九经正义〉中谶纬札子》，《宋本欧阳文忠公集》第21册，第28—31页。

[3] 欧阳修、宋祁：《新唐书》卷34《五行志》，第871页。

采取了怀疑的态度。如他不采用正统论，因为正统论的理论根据是阴阳家的五德终始论。对于古代史家争论不休的正闰之说，他不屑一顾，说："光学疏识浅，于正闰之际，尤所未达，故于所修《通鉴》，叙前世帝王，但以授受相承，借其年以记事尔，亦非有所取舍抑扬也。"[1]历史上有关灾异、符瑞、图谶、占卜一类的事情，大都与阴阳家之说有关，纪传体中的五行志对此记载很多，而司马光则"疾阴阳家邪说以惑众，为世患"，予以坚决反对。司马光还对佛教和道教持排斥态度，说它们的理论荒诞："其微言不能出吾书，其诞吾不信也。"[2]"窃以释、老之教，无益治世，而聚匿游惰，耗蠹良民，此明识所共知。"[3]

郑樵把阴阳五行之论斥为"欺天之学"："仲尼既没，先儒驾以妖妄之说而欺后世。……说《洪范》者，皆谓箕子本《河图》《洛书》以明五行之旨，刘向创释其《传》于前，诸史因之而为《志》于后，析天下灾祥

[1] 司马光：《答郭纯长官书》，李之亮笺注《司马温公编年笺注》第5册，巴蜀书社，2009年版，第12页。

[2] 脱脱：《宋史》卷336《司马光传》，中华书局，1977年版，第10769页。

[3] 司马光：《论寺额札子》，李之亮笺注《司马温公编年笺注》第3册，第210页。

之变，而推之于金、木、水、火、土之域，乃以时事之吉凶而曲为之配，此之谓欺天之学。”[1] 他也揭示了这种学说的起源和发展，说:“董仲舒以阴阳之学倡为此说,本于《春秋》,牵合附会。历世史官,自愚其心目,俛首以受笼罩而欺天下。”[2] 他认为“民事必本于时,时序必本于天”。[3] 他撰《天文略》，“正欲学者识垂象以授民时之意，而杜绝其妖妄之源焉”。[4] 而写《灾祥略》则是“专以记实迹,削去五行相应之说,所以绝其妖”。[5]

他还批判寓褒贬于一字之间的“欺人之学”，说：“凡说《春秋》者，皆谓孔子寓褒贬于一字之间，以阴中时人，使人不可晓解。三传唱之于前，诸儒从之于后,尽推己意,而诬以圣人之意。此之谓欺人之学。”[6] 认为“史册以详文该事，善恶已彰，无待美刺”，“纪传之中，既载善恶，足为鉴戒，何必于纪传之后更加

[1] 郑樵:《通志》卷 74《灾祥略 · 灾祥序》，第 853 页。

[2] 郑樵:《通志 · 总序》，第 3 页。

[3] 郑樵:《通志 · 总序》，第 2 页。

[4] 郑樵:《通志 · 天文略第一 · 天文序》，第 525 页。

[5] 郑樵:《通志 · 灾祥略第一 · 灾祥序》，第 853 页。

[6] 郑樵:《通志 · 灾祥略》，第 853 页。

褒贬！”[1]《通志·总序》列举了大量的事例，说明任情褒贬的做法造成的混乱和谬误。

马端临在对待历史的态度上，在反对神秘的五行说和反对违反据实记录的褒贬观点方面，继承了先前史学家的优良传统，与郑樵在思想上有相通之处。他在《文献通考·自序》中说：

> 《记》曰：“国家将兴，必有祯祥。国家将亡，必有妖孽。”盖天地之间，有妖必有祥，因其气之所感，而证应随之。自伏胜作《五行传》，班孟坚而下踵其说，附以各代证应为《五行志》，始言妖而不言祥。然则阴阳五行之气，独能为妖孽而不能为祯祥乎？其亦不达理矣。
>
> 虽然，妖祥之说固未易言也。治世则凤凰见，故有虞之时有来仪之祥，然汉桓帝元嘉之初、灵帝光和之际，凤凰亦屡见矣，而桓、灵非治安之时也。诛杀过当，其应为恒寒，故秦始皇时有四月雨雪之异，然汉文帝之四年，亦以六月雨雪矣，

[1] 郑樵：《通志·总序》，第1页。

> 而汉文帝非淫刑之主也。斩蛇夜哭，在秦则为妖，在汉则为祥，而概谓之龙蛇之孽可乎？僵树虫文，在汉昭帝则为妖，在宣帝则为祥，而概谓之木不曲直可乎？前史于此不得其说，于是穿凿附会，强求证应而罙有所不通。[1]

这段话看起来很平实，却极有说服力。它首先叙述了传统的说法，并用历史事实分析了这种说法的矛盾，揭露了所谓天人感应之论的荒谬。他与欧阳修一样，将历史上有关反常事物的记载，汇集在一起，不曰妖，不曰祥，而名之曰“物异”。马端临的《文献通考》，旨趣在保存和考辨文献。他的许多按语，反映了他对阴阳五行、天人相感的怀疑。

明末清初的顾炎武，不相信“天道”，在《日知录》中，他举出许多事例，说明天道不可相信。如他说：“天文五行之学，愈疏则多中；愈密则愈多不中。”[2]他对史书所记载的灾祥符瑞持怀疑的态度，说：“昔人所言

[1] 马端临：《文献通考·自序》，中华书局，2011年版，第20页。

[2] 顾炎武：《日知录》卷4《春秋言天之学》，《顾炎武全集》第18册，第205页。

兴亡祸福之故，不必尽验。《左氏》但记其信而有征者尔，而亦不尽信也。”[1]

儒家史学有神学史观的因素，宣扬神学史观的史书历代都有，但反对神学史观的也相应而起。即使在神学史观处于支配地位的时代，反对神学史观的儒家史学家也不乏其人。他们发扬孔子求实重人事的治史精神，以孔子不言怪力乱神、不言性与天道等为根据，与神学史观进行斗争，保持了儒家史学的人本主义特质。特别是一些影响大的史学家，在自己的著述中，总是自觉地与神学史观保持距离，使儒家史学的优秀传统不断地发扬光大。因此，在儒家史学中，大多数情况下，神学史观并不占主导地位，而是处于被批判的境地。

第三节　史学二重性及其产生之原因

所谓“二重性”，就是相互对立的两种属性共同存在于一个事物之中。在史学内部，存在着真实和虚妄、

[1] 顾炎武:《日知录》卷4《左氏不必尽信》,《顾炎武全集》第18册，第205页。

神学史观和反神学史观、直书与曲笔、历史循环论和历史进化思想的对立和斗争，史学的这两个方面就是史学的二重性。儒家史学具有这种二重性，因为在儒家史学中，相互对立的两个方面又相互依存，共同存在于儒家的史学活动和史学著作中，即使是在一个史学家的著作里，这种现象也是屡见不鲜。

班固评价《史记》，一方面批评司马迁是非颇缪于圣人，即所表现的史义与圣人不合，“论大道则先黄老而后六经，序游侠则退处士而进奸雄，述货殖则崇势利而羞贱贫”；一方面称赞他的实录精神，“然自刘向、扬雄博极群书，皆称迁有良史之材，服其善序事理，辨而不华，质而不俚，其文直，其事核，不虚美，不隐恶，故谓之实录”。[1] 这里且不说班固的评论是否正确，单从其批评的两个方面就可以看出，在班固那里，撰著史书，有两个标准，一个是是否符合圣人之义，一个是是否如实地反映历史。第一个标准虽然打着孔子的旗帜，实际上是一个史义的问题即作者在史书中所要表达的思想，这一点，孔子作《春秋》时，就提

[1] 班固:《汉书》卷 62《司马迁传》，第 2738 页。

出来了。刘知幾所说的“史识”,章学诚所说的“史意”,都从史学理论上进一步阐述了这个问题。第二个标准是关于史书记载的真实性问题，这是历史学必然涉及的问题，就是说，史书是记载历史的，是否如实地记载，关系着史书的可信程度，是决定史书的学术价值和学术生命力的最重要的因素。儒家史学重视这个问题。所谓的书法不隐、实录、直书、史德等都是围绕着这个问题而言的。这两个标准应该是统一的，但在儒家史学中，却总是表现出统一中的“不统一”。这是儒家史学二重性的表现。

班固对《史记》的批评，恰恰反映了《汉书》史学二重性的特点。班固的父亲班彪著《王命论》，说“刘氏承尧之祚”,“唐据火德,而汉绍之”,宣扬“神器有命,不可以智力求也”。[1]这一思想对班固的影响是很大的,《汉书》将这篇文章全文收入，并提出“汉绍尧运，以建帝业”，“皇矣汉祖，纂尧之绪，实天生德，聪明神武”[2]，明确地表达了宣汉的观点。班固还宣扬王者受命于天，详细记录了董仲舒之言：“天之所大奉使之王

[1]　班固:《汉书》卷100上《叙传》，第4208—4209页。

[2]　班固:《汉书》卷100下《叙传》，第4235—4236页。

者，必有非人力所能致而自至者，此受命之符也。”[1]他接受了董仲舒天人感应的理论，用这种理论来解释历史，特别是他运用天命史观，采取了曲解历史的方式说明汉家政权的合理性。《汉书》的“纪”，都是一片赞美声，极少看到关于皇帝的微词。这样做的目的都是为了宣扬汉德。但另一方面，班固也写出了汉室的腐朽和汉朝的残暴统治。在《食货志》中，他收录了大量的文献材料，反映汉朝衰败的真相；在大量的传记中，他也注意借别人之议论，反映汉朝统治者生活的奢侈腐化、统治的黑暗等。他创立《艺文志》，辨章学术，考镜源流，展示了学术文化的变迁。他的十志，写出了西汉历史的横断面，具有博洽的特点。他在许多方面继承了《史记》，如在反映多民族的统一上，《汉书》与《史记》一样，显示出视野的开阔。也就是说，班固在对汉家虚美隐恶的同时，又有很强的实录精神。《汉书》是在封建政权控制学术、政治思想神学化的大背景下产生的作品。它的二重性特点，适应了封建统治阶级的二重性需求。它的出世，为历代正史提供了

[1] 班固:《汉书》卷 56《董仲舒传》，第 2500 页。

范本。

儒家史学的优秀之作，大都表现出很强的实录精神，在历史资料、历史编纂学、历史文学等方面取得了重要成就，具有较高的学术价值。但是，对天人关系的问题，却始终没有完全解决。尽管许多著名史家不同意董仲舒的天人感应之说，对祥瑞灾异持批判态度，但终究不能科学地说明天人关系，往往自觉不自觉地又陷入天人相感的泥潭。如欧阳修虽然批评了灾祥谶纬之论，却不敢否定它，而是尽力找到天人联系的结合点，说："盖圣人不绝天于人，亦不以天参人。绝天于人则天道废；以天参人则人事惑。故常存而不究也。"[1]也就是说，欧阳修并没有否定天道的存在，因为他不相信天道干预人事，于是他采取"存而不究"的态度，这实质上是一种逃避矛盾的做法。他又说："未有人心悦于下，而天意怒于上者；未有人理逆于下，而天道顺于上者。"[2]天道和人事是如此地互动，也就承认了天人感应论。司马光反对灾异迷信，在《通鉴》中，不采阴阳五行、正统闰统之论，具有很强的求实

[1] 欧阳修:《新五代史》卷59《司天考第二》，第705页。

[2] 欧阳修:《新五代史》卷59《司天考第二》，第706页。

精神，但在天人关系问题上，他也是矛盾的。一方面，他把“天”作为自然之天，说：“天力之所不及者，人也，故有耕耘敛藏。人力之所不及者，天也，故有水旱螟蝗。”[1]另一方面，他又把天作为有意识的东西，说：“天者，万物之父也。父之命，子不敢逆；君之言，臣不敢违。父曰前，子不敢不前；……违天之命者，天得而刑之；顺天之命，天得而赏之。”[2]“智愚勇怯，贵贱贫富，天之分也；君明臣忠，父慈子孝，人之分也。僭天之分，必有天灾；失人之分，必有人殃。”[3]这样，他又最终承认人类的一切活动都受天的意志的支配。再如赵匡胤夺取后周政权，做了大宋的皇帝，如果用纲常礼教来评判，就是不忠。对于这个问题，司马光不得不求助于天命史观，说：“盖太平之业，天将启圣人而授之，固非人谋之所能及也。”

王应麟在其史评中，认为民心是治乱兴亡的决定因素，说：“民心之得失，此兴亡之大几也。林少颖云：

[1] 司马光：《迂书·天人》，《司马光集》卷74，四川大学出版社，2010年版，第1508页。

[2] 司马光：《迂书·士则》，《司马光集》卷74，第1504页。

[3] 司马光：《迂书·士则》，《司马光集》卷74，第1505页。

‘民之思汉，则王莽不能胁之使忘；民之忘汉，则先主不能强之使思。’唐与政云：‘民心思汉，王郎假之而有余；民心去汉，孔明扶之而不足。’”[1]可是，对天道他也不否定。如他说：“秦昭王五十一年灭周，是岁汉高祖生于丰沛。天道之倚伏，可畏哉！”[2]秦灭周与刘邦出生是同一年，这纯属偶然，但在王应麟看来则是天意的安排。

顾炎武对天道说深表怀疑，列举许多历史事实说明天道不可相信，但另一方面，对“天人感应”论又有保留，认为天道与历史的盛衰还是有联系的。如在《日知录》的《日食》条中，他说：“刘向言：‘春秋二百四十二年，日食三十六。今连三年比食。自建始以来，二十岁间而八食，率二岁六月而一发，古今罕有。异有大小希稠，占有舒疾缓急’，今所见崇祯之世十七年而八食，与汉成略同而稠急过之矣。然则谓日食为一定之数，无关于人事者，岂非溺于畴人之术，

[1] 王应麟：《困学纪闻》卷 8《孟子》，翁元圻辑注《困学纪闻注》，中华书局，2016 年版，第 1110 页。

[2] 王应麟：《困学纪闻》卷 11《考史》，翁元圻辑注《困学纪闻注》，第 1441 页。

而不觉其自蹈于邪臣之说乎？”[1]他把春秋、西汉末的天象与当时的衰世联系起来，认为天象影响历史的盛衰。顾炎武接触过西洋天文学，曾从静乐的李鲈学习过西方天文，了解西洋天文学关于“日食”“月食”的解释：“日食，月揜日也；月食，地揜月也。今西洋天文说如此。”[2]但西方的天文说并没有改变他对“天人关系”的看法，他认为西方天文学传入中国之前，中国就有此论：“自其法未入中国而已有此论。”[3]所以，尽管他了解西方关于日食月食的说法，但并不完全相信，依然被正统的“天人感应”说所束缚，并结合自己的亲身经历，愈加证实“天人感应”的可信性。《日知录》中的《岁星》《五星聚》谈到了星象对人的福祸的影响，《黄河清》说明了黄河水由浊变清与皇位变动的关系，《人事感天》说的是人事的变化引起天象的变化。所有这些，都表明顾炎武受天人感应思想的影响颇深，对天道观的否定是不彻底、不坚决的。

在直笔和曲笔问题上，儒家史学的直笔论终究没

[1] 顾炎武:《日知录》卷30《日食》,《顾炎武全集》第19册,第1133页。
[2] 顾炎武:《日知录》卷30《月食》,《顾炎武全集》第19册,第1134页。
[3] 顾炎武:《日知录》卷30《月食》,《顾炎武全集》第19册,第1134页。

有越出“名教”的藩篱。维护名教的隐讳，在儒家史学看来不是“曲笔”，而是直笔的表现。于是就出现这样的矛盾：一面提倡和褒扬直笔，一面又在名教面前默许隐讳等曲笔之做法。

那么，为什么会产生史学的这种二重特点呢？

儒家史学的二重性与统治者对史学的需要和史学怎样满足统治者的需求是密切相关的。儒家史学的特点是积极参与社会，关心政治生活，以惩恶劝善、考察历史盛衰，为统治者提供资鉴为宗旨。所以，儒家史学的二重性，首先是由统治者对史学的二重性需求所决定的。统治者要维护自己的统治，使社会长治久安，对历史经验是重视的，特别是刚刚建立的新王朝，总是急切地从前朝的灭亡中吸取教训。如刘邦建汉之初，儒生陆贾劝说刘邦马上得天下，不可马上治天下。刘邦听后觉得有理，于是就接受建议，说：“试为我著秦所以失天下，吾所以得之者何，及古成败之国。”陆贾粗略地论述了有关盛衰存亡的历史现象，成十二篇，“每奏一篇，高祖未尝不称善，左右呼万岁，号其书曰'新语'"。[1]唐太宗说过这样的名言:"夫以铜为镜,可以正衣冠;以古为镜,可以知兴替;以人为镜,可以明得失。朕常保此三镜,以防己过。"[2]贞观三年(公元629年),唐太宗于禁中设立史馆,修梁、陈、齐、周、隋"五代史"。贞观十年,五代史同时修成。唐太宗说:"朕睹前代史书,彰善瘅恶,足为将来之戒。"他批评秦始皇、隋炀帝志存隐恶,泯灭史籍,决定"览前王之得失,为在身之龟镜"。[3]《隋书》总结隋朝灭亡的教训,说:"隋之得失存亡,大较与秦相类。"[4]在历史的转折时期,成功的政治家总是表现出对史学的关注,他们在平定天下、治理国家时,迫不及待地从历史中吸取经验教训,他们所需要的史书,是真实而客观地忠于历史的史书,而不是胡编乱造的粗俗之作。于是他们就对史书编纂提出"书法无隐"、直书其事等要求。武德五年(公元622年),唐高祖李渊下诏,命萧瑀等

[1] 司马迁:《史记》卷97《郦生陆贾列传》,第2699页。

[2] 刘昫:《旧唐书》卷71《魏徵传》,第2561页。

[3] 周勋初等校订《册府元龟》卷554《国史部·恩奖》,凤凰出版社,2006年版,第6348页。

[4] 魏徵:《隋书》卷70"史臣曰",《隋书》,中华书局,1973年版,第1636页。

人修前代史，并提出修史原则："务加详核，博采旧闻，义在不刊，书法无隐。"[1]

唐太宗曾对房玄龄说："史官执笔，何烦有隐？宜即改削浮词，直书其事。"[2]为了用历史的成败来教育诸王，唐太宗命魏徵"录古来帝王子弟成败事，名为《自古诸侯王善恶录》，以赐诸王"。[3]明朝的崇祯皇帝在讲官李明睿的奏疏上加批语，说："纂修实录之法，惟在据事直书，则是非互见。"[4]在历史兴亡面前，玩弄历史是要受到历史的惩罚的，统治者要真诚地吸取历史经验教训，就必须尊重历史。历史证明，谁不尊重历史，逆历史潮流而动，谁就被历史的车轮碾碎，为历史的潮流所吞没。强调史书编纂的据事直书，正是统治者正确地总结历史、更好地巩固统治的需要。

另一方面，历代封建君主，为了稳固自己的统治，

[1] 《唐大诏令集》卷81《命萧瑀等修六代史诏》，第467页。

[2] 吴兢：《贞观政要》卷7《论文史》，谢保成集校《贞观政要集校》，中华书局，2003年版，第391页。

[3] 吴兢：《贞观政要》卷4《论教戒太子诸王》，谢保成集校《贞观政要集校》，第214页。

[4] 顾炎武：《日知录》卷18《三朝要典》，《顾炎武全集》第19册，第710页。

也需要从理论上论证自己存在的合法性，宣扬自己的神圣性。在科学还不发达的古代，天命观、神学观由于能有效地维护封建君主的权威，历来为统治者所提倡和支持。历史著作运用神学史观，宣扬皇权神授，以曲解历史的方式为封建统治服务也是统治者对史学的要求。

统治者对史学的双重要求是儒家史学二重性形成的外因。

其次，认识的局限性使儒家史学没有突破神学史观。儒家史学家中不乏敢于面对现实、实事求是的人，他们在历史研究中敢于否定自我，不断纠正自己的错误。但是在历史观方面，他们陷入神学史观，有时并不是为了适应统治者的需要，而是由于认识上的困惑造成的。孔子不谈论鬼神，但他也没有否定鬼神的存在，而是“敬鬼神而远之”。刘知幾对阴阳灾异之论持批判态度，反对把神奇传说与史事牵强附会地联系，但他也不否认有证验的灾祥，“夫灾祥之作，以表吉凶。此理昭昭，不易诬也。然则麒麟斗而日月蚀，鲸鲵死而彗星出，河变应于千年，山崩由于朽壤。又语曰：‘太岁在酉，乞浆得酒；太岁在巳，贩妻鬻子。’则知吉凶递代，如盈缩循环，此乃关诸天道，不复系乎人事”。[1]在这些问题上，更准确地说，他是一个不可知论者，“怪力乱神，宣尼不语；而事鬼求福，墨生所信。故圣人于其间，若存若亡而已”。[2]当然，这种不可知论主要是科学认识的局限造成的，在当时的历史条件下恰恰是进步的表现。顾炎武揭示了天道的不可相信，但对自然界中发生的许多事件又解释不了，于是又回到了天人感应的看法上去。当然，他在天人关系方面的局限与他的阶级立场、政治观点有关，但这不是主要的，主要还是科学发展水平低的原因。

儒家史学的二重性与儒家思想的特质有关，儒家史学关注社会政治，关注人生。社会历史的局限性、封建统治者的局限性不可能不反映到史学领域中来。儒家史学反映统治者的二重性要求是必然的。而认识水平的限制又不能使它克服受封建统治者的影响所带来的弊端，因此，这种二重性是不可避免的。儒家史学的二重性是历史的产物，在长期的历史过程中，它的内涵也在不断发生变化，反映出时代的特点。说儒

[1] 刘知幾:《史通·书志》，浦起龙《史通通释》，第58页。

[2] 刘知幾:《史通·书事》，浦起龙《史通通释》，第214页。

家史学具有二重性，决不是对儒家史学的否定，而是以辩证的观点对其特点的揭示。认识到这一点，对于批判地继承我国的史学遗产，吸收精华，剔除糟粕，具有十分重要的理论意义。

主要参考文献

[1]《十三经注疏》，上海古籍出版社，1997 年。

[2] 杨伯峻译注:《论语译注》，中华书局，1980 年。

[3] 杨伯峻译注:《孟子译注》，中华书局，1960 年。

[4] 王先谦撰，沈啸寰等点校:《荀子集解》，中华书局，2016 年。

[5] 韩非著，王先慎集解:《韩非子集解》，上海书店出版社(影印)，1986 年。

[6] 高诱注《吕氏春秋》，上海书店出版社（影印），1986 年。

[7] 苏舆撰，钟哲点校:《春秋繁露义证》，中华书局，2015 年。

[8] 桓谭撰，朱谦之校辑:《新辑本桓谭新论》，中华书局，2009 年。

［9］ 司马迁:《史记》，中华书局，1982年。
［10］ 班固:《汉书》，中华书局，1962年。
［11］ 范晔:《后汉书》，中华书局，1965年。
［12］ 萧子显:《南齐书》，中华书局，1972年。
［13］ 令狐德棻:《周书》，中华书局，1971年。
［14］ 魏徵:《隋书》，中华书局，1973年。
［15］ 刘昫:《旧唐书》，中华书局，1975年。
［16］ 欧阳修:《新五代史》，中华书局，1974年。
［17］ 脱脱:《宋史》，中华书局，1977年。
［18］《两汉纪》(荀悦《汉纪》、袁宏《后汉纪》)，中华书局，2002年。
［19］ 司马光:《资治通鉴》，中华书局，1956年。
［20］ 杜佑著，王文锦等点校:《通典》，中华书局，1988年。
［21］ 郑樵:《通志》，中华书局，1987年。
［22］ 马端临:《文献通考》，中华书局，2011年。
［23］ 袁枢:《通鉴纪事本末》，中华书局，2015年。
［24］ 王溥编:《唐会要》，上海古籍出版社，2006年。
［25］ 宋敏求编:《唐大诏令集》，中华书局，2008年。
［26］ 韩婴撰，许维遹校释:《韩诗外传集释》，中华

书局，2005 年。
［27］王充著，黄晖校释:《论衡校释》，中华书局，2018 年。
［28］刘勰撰，周振甫注:《文心雕龙注释》，人民文学出版社，2002 年。
［29］王通撰，张沛校注:《中说校注》，中华书局，2013 年。
［30］吴兢撰，谢保成集校:《贞观政要集校》，中华书局，2003 年。
［31］刘知幾著，浦起龙释:《史通通释》（王煦华整理），上海古籍出版社，2009 年。
［32］韩愈:《韩昌黎集》，中国书店，1991 年。
［33］柳宗元:《柳河东集》，上海人民出版社，1974 年。
［34］《宋本欧阳文忠公集》，国家图书馆出版社，2019 年。
［35］吴缜:《新唐书纠谬》,《丛书集成初编》第 759 册，中华书局，2011 年。
［36］苏洵著，曾枣庄、金成礼笺注:《嘉佑集笺注》，上海古籍出版社，1993 年。
［37］司马光著，李文泽、霞绍晖校点:《司马光集》，

四川大学出版社，2010 年。

[38] 张载:《张横渠集》，商务印书馆，1936 年。

[39] 洪迈:《容斋随笔》，上海古籍出版社，2015 年。

[40] 朱熹:《朱子全书》(修订本)，上海古籍出版社、安徽教育出版社，2010 年。

[41] 王应麟著，翁元圻辑注:《困学纪闻注》，中华书局，2016 年。

[42] 王阳明著，邓艾民注:《传习录注疏》，上海古籍出版社，2015 年。

[43] 张建业主编:《李贽全集注》，社会科学文献出版社，2010 年。

[44] 胡应麟:《少室山房笔丛》，上海书店出版社，2001 年。

[45]《黄宗羲全集》，浙江古籍出版社，1994 年。

[46] 顾炎武:《日知录》，《顾炎武全集》第 18 册、第 19 册，上海古籍出版社，2012 年。

[47] 顾炎武著，华忱之点校:《顾亭林诗文集》，中华书局，1983 年。

[48] 王夫之:《读通鉴论》，中华书局，1975 年。

[49] 王夫之:《张子正蒙注》，中华书局，1975 年。

［50］王鸣盛：《十七史商榷》，凤凰出版社，2008年。
［51］钱大昕：《十驾斋养新录》，江苏古籍出版社，2000年。
［52］钱大昕著，吕友仁校点：《潜研堂集》，上海古籍出版社，2009年。
［53］赵翼：《廿二史札记》，上海古籍出版社，2011年。
［54］《章学诚遗书》，文物出版社，1985年。
［55］崔述撰著，顾颉刚编订：《崔东壁遗书》，上海古籍出版社，1983年。
［56］《龚自珍全集》，上海古籍出版社，1999年。
［57］梁启超：《饮冰室合集》，中华书局，1989年。
［58］张尔田：《史微》，上海书店出版社，2006年。
［59］《郭沫若全集·历史编》第2卷，人民出版社，1982年。
［60］杜维运：《中西古代史学比较》，（台湾）东大图书公司，1988年。
［61］吴怀祺校补：《郑樵文集》，书目文献出版社，1992年。
［62］黑格尔：《历史哲学》，生活·读书·新知三联书店，1958年。